Für meine Eltern und meine Söhne.

Und für alle, die einmal mein Herz
und meine Seele berührt haben.

Ich bin sicher, ihr wisst, wenn ihr gemeint seid.

Hans Jürgen Sittig Traumland Eifel

REGIONALIA

Hans Jürgen Sittig dankt

Brigitte Euler für die Überlassung des schönen Fotos mit der einzelnen Mohnblüte auf Seite 5

dem Tierfotografen Lothar Lenz aus Dohr für die Überlassung der fünf Fotos aus seinem Archiv www.pferdefotoarchiv.de

dem LVR Freilichtmuseum Kommern als Quelle einiger schöner Motive

Conny Schulte für die erste Stimme zu seinem Manuskript

Lisa Schmitz und Bernie Schmitz für technische Unterstützung.

Bild Umschlag Cover

Bei Sonnenuntergang zieht Nebel auf in diesem kleinen Tal bei Heckhuscheid (Westeifel) bei Prüm.

Caption for the title-page shot 'The Eifel, land of dreams':
Mist rises at sunset in this small valley near Heckhuscheid (western Eifel) close to Prüm.

Motiv Umschlag Rückseite

s. Seite 125 in diesem Buch

Seite 2 links

Im historischen Ortskern von Kommern (Nordeifel) finden sich noch viele Fachwerkhäuser wie dieses, das sich im Herbst mit roten Blättern von wildem Wein und Geranien schmückt.

Many half-timbered houses still remain in the historic centre of Kommern (nothern Eifel) such as this one which adorns itself with red vine and geranium in autumn.

Seiten 2 und 3

Graf Wilhelm II. von Jülich ließ zwischen 1177 und 1190 die Burg Nideggen (Nordeifel) erbauen, dessen mächtiger Bergfried eine hier erkennbare Besonderheit aufweist: Die mit rötlichem Sandstein gemauerte Basis des Bergfrieds baute man weiter mit den eher gelblichen Steinen der um 1200 zerstörten Nachbarburg Berenstein.

Count Wilhelm II of Jülich had Nideggen Castle (northern Eifel) built between 1177 and 1190. Its impressive keep displays one distinctive feature: While the basis consists of brownstone, the tower was completed with the yellowish stones taken from the neighbouring castle Berenstein which was destroyed around 1200.

Seite 5

Selbst aus der unüblichen Froschperspektive ist eine sonnendurchleuchtete Mohnblume wie diese bei Weyer (Nordeifel) eine Schönheit. Das sollte man den Fröschen gönnen. (Foto: Brigitte Euler)

Even from the unusual worm's-eye-view, a sun-flooded poppy flower such as this one near Weyer (northern Eifel) is a beauty that we shouldn't begrudge the worms. (Photo: Brigitte Euler)

Hans Jürgen Sittig
Traumland Eifel

Englische Übersetzung 'The Eifel – land of dreams'
Maresi Wagner, Braubach/London
Korrektorat: Rachel Hollingworth, York

2. Auflage
© Copyright Regionalia Verlag GmbH, Rheinbach
Scans, Layout und Satz: paquémedia, www.paque.de
Einbandgestaltung: Alexander Aspropoulos für agilmedien, Niederkassel
Printed in Italy 2014

ISBN 978-3-939722-48-9
www.regionalia-verlag.de

In einem Talkessel bei Winkel nahe Gillenfeld (Vulkaneifel) liegt noch der Morgennebel, vor dessen Kulisse eine Rinderherde grast.

A herd of cattle is grazing in front of the backdrop of a fog-shrouded basin near Winkel close to Gillenfeld (Volcanic Eifel).

Ein**leitung**

Liebe Eifelfreundin, lieber Eifelfreund,

dass Sie sich für die Eifel interessieren oder dass Sie schon längst begeistert sind von meiner Heimat, kann ich sehr gut nachvollziehen. Doch muss ich eingestehen, dass ich wahrscheinlich ein klein wenig befangen bin, weil ich schon von Geburt an mit der Eifel verbunden bin. Aber ich werde versuchen, im Folgenden so objektiv wie möglich zu sein. Sollte es mir nicht immer gelingen, so rechne ich mit ihrer wohlwollenden Nachsicht. Denn die Eifel ist für mich auch eine sehr emotionale Angelegenheit.

Wenn ich an meine Kindheit zurückdenke, dann sehe ich Bilder vor mir aus meinen frühen Eifeljahren, als ich noch regelmäßig Zeit bei den Eltern meiner Mutter in Masburg bei Kaisersesch verbrachte. Opa war Schuster und machte für die umliegenden Dörfer die Schuhe. Und Oma war eine stets um Vieles und Alles besorgte Hausfrau, die ich, wie sie mir immer wieder versicherte, früh ins Grab bringen würde. Das habe ich mit meinen „harmlosen" Streichen dann glücklicherweise doch nicht geschafft. Sie wurde trotz ihres ältesten Enkels noch 79 Jahre alt.

Als ich fünf Jahre alt war, verließen meine Eltern aus beruflichen Gründen die Eifel und zogen von Mayen nach Koblenz. Da sie mich nach einigen Überlegungen doch noch mitnahmen, war damit meine erste Phase als Eifelbewohner zunächst beendet. Aber zu meinem Glück gab es trotzdem weiter die häufigen Wochenendbesuche bei den Großeltern. Und so konnte ich immer wieder für begrenzte Zeit ein kleiner „Eifel-Lausbub" sein.

Als ich sieben Jahre alt war, verbrachte ich gar ein ganzes Jahr in Masburg und ging dort auch in der Dorfschule in die zweite Klasse. Es war

▲ Mayen (Osteifel) ist mit knapp 19.000 Einwohnern die größte Stadt in der Eifel. Wo zu Füßen des 588 Meter hohen „Hochsimmer" das Flüsschen Nette die Hocheifel verlässt, war Mayen schon zur Römerzeit ein bedeutender Handelsplatz. Bereits damals wurden Mühlsteine aus Basalt gefertigt. Und Schiefer wird hier noch heute abgebaut.

With a population of just under 19,000, Mayen (eastern Eifel) is the biggest town in the Eifel. Situated at the foot of the 558 m high Hochsimmer mountain where the Nette River leaves the High Eifel, Mayen was already a significant commercial centre in the Roman Age. Millstones were made from basalt, and slate is still being quarried today.

eine wunderbare Zeit. Mit meinen ortsansässigen Freunden war ich sommers wie winters jede freie Minute draußen.

Masburg liegt auf einer Anhöhe am Beginn zweier kleiner Täler. Im obersten Kessel des südlicheren Tales lag das Haus meiner Großeltern. Das Grundstück wurde zur Talseite hin von einem altersschwachen Holzzaun abgegrenzt. Manchmal schaffte es ein Huhn hinauszuschlüpfen in die gefährliche Welt auf der anderen Seite. Denn hinter dem Zaun begann die „Wildnis" aus mit Weidenbüschen bewachsenem Sumpfland. Manchmal war ich ganz schön damit beschäftigt, das fahnenflüchtige Huhn wieder vor der Dämmerung zurück in die sichere Umfriedung zu treiben. Bevor in der Nacht die Füchse und (in meiner Fantasie) Wölfe ans Dorf herankamen.

Ich liebte diese Wildnis hinter dem alten Zaun und meine Freunde und ich verbrachten dort viel Zeit mit dem Umleiten kleiner Wasserläufe oder mit dem Bau „wolfssicherer" Baumhäuschen möglichst hoch in den Ästen. Manchmal verließen wir aber auch die unmittelbare Nähe des Dorfes und suchten in Ginstergestrüppen oder anderen Dickichten nach den wunderschönen langen Fasanenfedern. Oder wir testeten die

Ein Mohnfeld vor den Toren von Gerolstein (Vulkaneifel). Wenn man von Westen kommend der Kyll aufwärts folgt, sieht man kurz hinter Lissingen zwei markante Felsformationen, die die Stadt überragen: Die freistehenden Türme des Auberg und rechts dahinter die Munterley. Beides sind 380 Millionen Jahre alte Riffe eines früheren Flachmeeres.

A field of poppies at the gates of Gerolstein (Volcanic Eifel). Following the Kyll coming from the west you can see two striking rock formations towering above town directly behind Lissingen: The freestanding Auberg butte and, to its right, the Munterley rock, both 380 million years old reefs of a former shallow sea.

Brennbarkeit von dürrem Gras. Was schließlich dazu führte, dass eines Tages eine ältere Frau zur Verwunderung mancher Dorfbewohner schimpfend mit einem Eimer Wasser zu einer brennenden Hecke im Tal eilte. Nämlich meine anfangs erwähnte Großmutter.

Großvater hielt sich meist aus allem raus. Er war ausreichend damit beschäftigt, aus störrischem Leder angenehm tragbare Schuhe zu machen oder abgetragenes Schuhwerk wieder neu zu besohlen. Aber ich erinnere mich noch an zwei Ereignisse, als er selbst eingriff. Das eine Mal ging es um den Chef des Hühnerclans, den einzigen Hahn. Der hatte es aus mir nicht mehr nachvollziehbaren Gründen auf mich abgesehen. Ich weiß nicht, ob es an meinen damals noch roten Haaren lag, die ihm vielleicht zu auffallend und konkurrenzträchtig erschienen. Oder daran, dass ich ihn vielleicht mal geärgert hatte. Jedenfalls ging er immer auf mich los, sobald wir in der Eifel angekommen waren und ich auf dem Hof aus dem Auto stieg. Ich war ja klein und diesem aggressiven Hahn noch nicht gewachsen. Aber meinem Opa platzte dann irgendwann der Kragen. Er packte den Hahn und hieb ihm den Kopf ab. Danach hatte ich Ruhe.

Ein bis zwei Jahre später schaffte ich es, das langsamste Huhn der Truppe einzufangen. Es humpelte etwas und war nicht ganz so schnell auf den Beinen wie die anderen. Nachdem ich mir jahrelang hatte ansehen müssen, wie die Hühner bei trockenem Wetter im Sand badeten (was ich niemals durfte), hielt ich eines Tages die Zeit für gekommen, zumindest ein Huhn mit den Vorteilen des Nassbadens vertraut zu machen.

Meine Großmutter war ganz verzweifelt wegen des nassen Huhns. Und Opa war stinksauer. Er wusste auch, warum. Obwohl das Huhn abgetrocknet und im offenen Backofen wieder vorsichtig angewärmt wurde für eine Reanimation, verstarb das arme Tier. Mein Großvater hat mir diese Aktion ziemlich übel genommen. Ab diesem Tag verlegte ich mich ausschließlich auf das Einfangen von Wildtieren wie Mäusen, Spinnen und Käfern. Bei denen ließ ich auch das Baden weg.

Meine Kindheit in der Eifel verflog dann viel zu schnell. Ihr Ende kam für mich an jenem Tag – ich war wohl elf Jahre alt – als ich mit meiner neuen kleinen Super 8 Filmkamera auf eine erste Pirsch ging. Ich wuss-

▲ Die mächtige und beeindruckende Reichsburg auf einer Bergspitze hoch über Cochem (Mosel) teilt das Schicksal vieler anderer Eifelburgen: Um etwa 1100 erbaut wurde auch sie im 17. Jahrhundert zerstört. Erst der wohlhabender Berliner Kaufmann Ravené ließ sie in den Jahren 1868 bis 1878 im neugotischen Stil wiederaufbauen.

The powerful and impressive Imperial Castle on a mountaintop high above Cochem (Moselle) shares the fate of many an Eifel castle: Built around 1100 it was destroyed in the 17th century. It was only the affluent Berlin merchant Ravené who had it rebuilt in the neo-Gothic style between 1868 and 1878.

▶ Monreal (Osteifel) ist ein bezaubernder Fachwerkort im Elztal westlich von Mayen. Die große Burg vom Beginn des 13. Jahrhunderts bewacht den erstmals 1193 erwähnten Ort, desse Name „Königsberg" von den Grafen von Virneburg in das damals „feinere" Französisch transferiert wurde zu „Montroyal", aus dem schließlich Monreal wurde.

Monreal (eastern Eifel) is a charming half-timbered town in the Elz Valley west of Mayen guarded by the massive early 13th century castle. Its original name 'Königsberg' (royal mountain) was transferred to the then 'posher' French by the Count of Virneburg, making it 'Montroyal' and finally Monreal.

te von einem Rehbock, der weit unten im Tal immer aus einem Wäldchen zum Äsen auf eine Wiese trat. Den wollte ich filmen.

Tatsächlich stand er auch an diesem frühen Abend auf jener Wiese. Da ich so nahe wie möglich an ihn heran wollte, filmte ich noch nicht durch die weiter entfernten Heckenlücken. Aber als ich schließlich vorsichtig um die letzte Heckenkante spähte, um ihn dort endlich zu filmen, da war er verschwunden. Und mein erster Versuch, etwas aus der Eifelnatur in Bildern festzuhalten, war gescheitert. Das ist gleichzeitig meine letzte konkrete Erinnerung an ein Naturerlebnis in der Eifel als Kind.

Zum Glück war das kein schlechtes Omen. Später sollte mir dann das Bilder machen doch noch „etwas" besser gelingen. Jedenfalls hoffe ich, dass Sie mir nach der Durchsicht dieses Buches zustimmen werden.

Als Biologiestudent in Bonn entdeckte ich dann die Fotografie für mich. Und auf meinen vielen Skandinavien- und Lappland-Reisen wurde sie zunehmend zu einer Leidenschaft.

Als mein erster Sohn geboren wurde, zog ich sofort mit Frau und Kind von Bonn in ein kleines Eifeldorf unmittelbar an der belgischen Grenze. Es heißt Heckhuscheid und liegt nicht weit entfernt von Luxemburg. Das war damals der Teil der Eifel, der mir am wenigsten bekannt war. Aber die alte Schule hatte einen wunderbaren Bauerngarten. Dieser Ort versprach ein schöner Ort für heranwachsende Kinder zu sein. Und bald wurde dort auch mein zweiter Sohn geboren.

Ich machte Foto- und Textreportagen für viele Natur- und Reisemagazine und konnte dann auch erste Bildbände und Fotokunstkalender veröffentlichen. In den Sommern der Jahre 1992, 1993 und 1994 nahm ich sogar meine ganze Familie mit auf Nordlandreise: Insgesamt rund 29.000 km in neuneinhalb Monaten. Für drei Bücher durchreisten wir ein Gebiet von 1,1 Millionen Quadratkilometern.

Aber dann kam die Zeit, da unsere Kleinen in den Kindergarten gehen sollten. Das Reisen mit der Familie hatte ein Ende. Ich fragte mich, wie es weitergehen konnte. Denn auch die Schulzeit der Kinder war schon am Horizont auszumachen. Doch allein zu reisen konnte ich mir nicht recht vorstellen.

Als ich mich auf meine Möglichkeiten besann, wurde mir schließlich bewusst, dass ich in der schönsten Naturlandschaft Westdeutschlands wohnte. Aber die maß nur ein 200stel der Fläche Skandinaviens. Gegenüber der Fläche von Dänemark, Schweden, Norwegen und Finnland ist die Eifel wahrhaft winzig. Mir schien es so, als sollte ich mich nach Jahren der Beschäftigung mit einem hundert Meter hohen Mammutbaum plötzlich mit einem fünfzig Zentimeter hohen Busch befassen.

Aber dann erlebte ich etwas Erstaunliches. Je mehr und je häufiger ich die Eifel durchstreifte, umso größer wurde sie. Sie wuchs mit jeder Entdeckung. Und es gab – nein, es gibt – unglaublich viel zu entdecken. Findet sich in Lappland zum Beispiel zwischen endlosen Sümpfen und Wäldern auf einer Fläche wie Rheinland-Pfalz nur eine einzige kleine Stadt mit 8.000 Einwohnern, so gibt es in der Eifel ganz viele unterschiedlich gestaltete Täler und Höhen mit einem bunten Kleid aus Wiesen und Weiden, Äckern und Wäldern, die eine Vielzahl verschiedenster Dörfer und Städte umgeben. Hier gibt es Natur und Kultur in einer spannenden Mischung, die einen immer aufs Neue fasziniert.

Inzwischen weiß ich, dass die rund 5.500 Quadratkilometer große Eifel ein kleiner „Riese" ist. Ein geografisches und kulturelles Gesamtkunstwerk, für dessen Entdeckung man eine geraume Zeit braucht. Auf immer neuen Wegen geht es über bewaldete Höhen mit Vulkanen und Maaren, durch freundliche oder wilde Täler an kleinen klaren Flüssen, zwischen Grünland und Ackerland und durch Fachwerkgassen zu alten Kirchen, Klöstern und Burgen.

Wenn Sie nun meine Bilder sehen, werden Sie verstehen, was ich meine. Sie werden sehen, warum ich davon spreche, dass mein Erleben meiner Heimat Eifel für mich etwas sehr Emotionales ist. Deshalb frage mich bitte niemand, wie viel die Eifel kurz nach Mitternacht nach einem halbstündigen Regen wiegt! Oder wie hoch der Calcium-Carbonat-Anteil in der Erde in zwei Meter Bodentiefe bei Vollmond ist. Ich weiß es nicht und es ist mir auch egal. Mir geht es um eine sinnliche Wahrnehmung einer erstaunlich vielgestaltigen und schönen Landschaft. Und so etwas lässt sich glücklicherweise manchmal auch in Fotos zum Ausdruck bringen.

Immer wieder wurden mir besondere Momente geschenkt, in denen ich glücklich war, ein außergewöhnliches Licht mit einer ganz speziellen Atmosphäre zu erleben. Ich wünsche Ihnen, dass auch Sie so etwas erleben werden. Zwar gibt es für ein bestimmtes Licht zu einer bestimmten Zeit an einem bestimmten Ort keine Garantie. Aber die ungemein abwechslungsreiche und spannende Natur und Kultur der Eifel sind garantiert immer da. Und dass die Eifel spannend ist, kann ich sagen, weil ich als Eifelkrimi-Autor auch ein wenig von Spannung verstehe. Aber jetzt genug der Worte. Lassen Sie uns auf die Reise gehen durch meine Heimat – das „Traumland Eifel".

Mit herzlichem Gruß
Ihr Hans Jürgen Sittig

P.S.: Die Beschäftigung mit diesem Buch hat mir sehr viel Freude bereitet und mir oft gute Laune geschenkt. Aber das hat auch immer wieder mal meinen Humor „geweckt". Wundern Sie sich also bitte nicht, wenn in den Kapiteltexten manches nicht so ganz ernst gemeint ist.

Nichts deutet heute noch darauf hin, dass der idyllische kleine Ort Kronenburg (Nordeifel) im südwestlichsten Teil des Kreises Euskirchen noch bis 1715 unter spanischer Herrschaft lag, weil er ab 1555 zum Herzogtum Luxemburg gehörte, das zu jener Zeit auch „spanisch" war.

In the small idyllic town of Kronenburg (northern Eifel) located in the south-western part of the Euskirchen district, nothing has remained to suggest that it was under Spanish rule until 1715 as it had belonged to the Duchy of Luxembourg since 1555 which was also 'Spanish' at the time.

Über dem Kirchlein von Winterspelt (Westeifel) bei Prüm verabschiedet sich der Tag in einem Abendgewand in Orange und Rot.
The day bows out in an evening gown of orange and red above the little church of Winterspelt (western Eifel) near Prüm.

Bei Baasem (Westeifel) nahe Stadtkyll grast eine Rinderherde hinter einem „See aus Mohnblüten".
A herd of cattle is grazing behind a 'sea of poppies' close to Baasem (western Eifel) near Stadtkyll.

Die Rur, hier oberhalb von Monschau (Rureifel), ist für mich der „nordischste" aller Eifelflüsse. Ihr Wasser ist bernsteinfarben von den Mooren des Hohen Venn, in dem sie entspringt. Wild und ungebändigt strebt sie nach Norden, fließt in die Talsperre, der sie ihren Namen gab und mündet nach rund 170 km in Roermond in die Maas.

To me the Rur, here above Monschau (Rureifel), is the most 'Nordic' of all Eifel streams. As its origin lies in the Hohes Venn's marshland the water is amber-coloured. Untamed, it makes its way north, streams into its eponymous dam and after about 170 km flows into the Maas at Roermond.

Die Vulkanausbrüche der Eifel müssen für die damals lebenden Menschen furchtbar gewesen sein, aber sie hinterlie-ßen uns etwas Wunderbares: Einige der über 700 Eruptionsstellen der Eifel füllten ihre Krater mit Grundwasser. Hier ist es das Weinfelder Maar bei Daun (Vulkaneifel) an einem windstillen Tag.

The volcanic eruptions must have been horrible for the people of those days, but they have left us a beautiful inheritance: Some of the 700 eruption sites filled their craters with ground water. Here you can see the Weinfelder Maar near Daun (Volcanic Eifel) on a calm day.

▲ Der Rurstausee (Rureifel) ist für Segler ein durchaus schwieriges Revier. Die manchmal schmalen Biegungen und auftretenden Fallwinde, die von den zum Teil mehr als 200 Meter höher gelegenen Randbergen zum See hinunter gelangen, erfordern etwas Erfahrung.

The Rur Reservoir is by all means a difficult territory for sailors. The often narrow bends and the downslope winds that come down from the surrounding mountains, some of them more than 200 metres above the lake, need some experience.

Der Blick von der Festung Ehrenbreitstein geht über Koblenz und die Moselmündung in den Rhein am Deutschen Eck bis weit in die Osteifel. Am Horizont erkennt man etwa in der Bildmitte drei Vulkane: Links den Karmelenberg, dann den Hochsimmer bei Mayen und rechts den Hochstein.

The panorama from Ehrenbreitstein Fortress reaches from Coblence and the German Corner where the Moselle joins the Rhine far into the eastern Eifel. In the middle of the picture, three volcanoes can be seen on the horizon: The Karmelenberg on the left, the Hochsimmer near Mayen and the Hochstein on the right.

Preface

Dear friends of the Eifel,

I can very much relate to your fascination with my home. Having been linked to the Eifel since birth, though, I must admit to being a little biased. Nonetheless, I shall try to be as impartial as possible, and I trust you to bear with me if I do not succeed at all times – after all, the Eifel is also a rather emotional subject matter to me.

Thinking back to my childhood days, I can picture my early years in the Eifel when I was still staying with my mother's parents in Masburg near Kaisersesch on a regular basis. Grandpa was a cobbler, making shoes for the neighbouring villages, while Grandma was a housewife worrying about anything and everything, always assuring me that I would send her to an early grave.

Fortunately, I did not quite manage that with my 'harmless' pranks: Despite her oldest grandchild she reached the age of 79 years.

When I was five years old, my parents left the Eifel for professional reasons and moved from Mayen to Coblence. As they brought me along with them after some deliberation, my first phase of being an 'Eifler' was over. Thankfully, there were still the frequent weekend visits to the grandparents', and so I could go back to being a little 'Eifel rascal' for a short while again and again.

At the age of seven, I even spent a whole year in Masburg and went to the local school.

It was a wonderful time. Summer and winter, every free minute was spent outside with my friends from the village.

Masburg is situated on a hill at the threshold of two small valleys. My grandparents' house was located in the southern valley's upper basin. On the downhill side, a decrepit wooden fence marked the border of the premises. Sometimes, a chicken would manage to squeeze through and escape into the 'world of danger' on the other side, a wilderness of willow shrubs and marshes, and every so often I'd be busy shooing the deserter back into the safety of the fence before foxes and – in my imagination, at least – wolves would near the village at nightfall.

I loved the wilderness behind that old fence, and my friends and I would spend ages there, diverting small streams of water and building 'wolf-safe' tree houses as high up in the branches as we could. At times, we would stray from the proximity of the village and look for beautiful pheasant feathers in the thicket. Or we would try out the flammability of dry grass. And so it happened that one day, to the bewilderment of the villagers, an elderly woman with a bucket of water was rushing to a burning hedge in the valley. My grandmother.

Grandfather stayed out of most of it. He was busy enough making comfortable shoes out of stubborn leather or resoling worn-out footwear. However, there are two incidents I remember where he did get involved. One was about the chicken clan's boss, the only rooster, who for some reason seemed to have it in for me. I have no idea if it was because of my then-red hair, which may have seemed like competition to him, or because I'd once teased him, but every time we arrived in the Eifel, he would attack me as soon as we got out of the car. I was a little boy and no match for the aggressive rooster, but at one point my Grandpa had had enough: He seized the rooster and chopped off his head. From then on I had my peace.

Am Rande des Dorfes Kirchweiler (Vulkaneifel) bei Daun liegt eine weite Senke mit Viehweiden, Schilfflächen und Büschen. Kurz bevor sie untergeht, taucht die späte Herbstsonne die Landschaft vor der Kulisse dunkler Regenwolken in ein warmes gelbes Licht.

A vast valley with pastures, fields of reed and bushes is located near Kirchweiler, a village close to Daun (Volcanic Eifel). In front of dark rain clouds, the late autumn sun bathes the landscape in warm yellow light before it sets.

◀ Wenn der Wind von Nord weht, dann wird der Südabhang des Dreiser Trockenmaares bei Dreis-Brück (Vulkaneifel) nördlich von Daun zu einem Tummelplatz für Paraglider. Der steile Rand des bis zu 1360 Meter breiten Kraterkessels sorgt für die nötigen Aufwinde und ermöglicht lange Flüge. Links hinten die Vulkankuppe des Döhmberg.

Northerly wind turns the Dreiser Dry Maar's southern slope near Dreis-Brück (Volcanic Eifel) north of Daun into a paraglide playground. The up to 1360 metre wide crater's steep lip provides the necessary updraught and facilitates long flights. To the left you can see the Döhmberg Volcano's summit.

A couple of years later I managed to catch the slowest hen of the bunch which was hobbling a bit and therefore not quite as quick as the others. After watching them dust-bathe for years (which I wasn't allowed to do) I figured it was about time to introduce one of them to wet baths.

My grandmother despaired at the wet chicken. Grandpa was mad, and with good reason. Although we dried it off and warmed it up at the open oven to revive it, the poor thing died. My grandfather quite resented me for what I'd done, so from that day on I resorted to catching mice, spiders and bugs, and I never bathed them either.

My Eifel childhood flew by far too quickly. I must have been about eleven when it reached its end as I went deerstalking with my new super 8 camera for the first time. I knew of a buck that would leave the copse to browse on a meadow deep down in the valley. It was him I wanted to film.

I did find him on that very meadow at dusk, but wanting to get as close to him as possible I didn't film through the far-off thicket. When I eventually peeked around the last corner, though, to finally shoot him, he was gone and my first try to catch a bit of Eifel nature on film had failed. At the same time, this is my last childhood memory of experiencing nature in the Eifel.

Luckily, it wasn't a bad omen. Later on I succeeded a 'little' more at taking pictures – at least I hope you'll agree with me when looking through this book.

I discovered photography while studying biology in Bonn, and during my many travels to Scandinavia and Lapland it became a passion. After the birth of my first son, we swiftly moved to Heckhuscheid, a small Eifel village at the Belgian border and not far from Luxembourg, the part of the Eifel I knew the least. There was a magnificent kitchen garden that belonged to the old school, and the town promised to be the perfect place to raise kids. This is where my second son was born soon after.

After doing some photo and text work for several nature and travel magazines, I was then able to publish the first couple of illustrated books and photo calendars. In the summers of 1992, 1993 and 1994 I brought my family along with me on my Nordic travels: A total of 29,000 km in nine and a half months. We travelled an area of 1.1 million square kilometres for three books. Travelling as a family came to an end when the little ones reached kindergarten age. With schooldays appearing on the horizon, the question of how to continue arose.

I couldn't imagine travelling on my own, but considering my options I finally realised that I was living in the most beautiful landscape in western Germany. Only a two-hundredth of the size of Scandinavia, the Eifel is truly minuscule compared to Denmark, Sweden, Norway and Finland. To me it seemed as if, after years of dealing with a mammoth tree of one hundred metres I was now supposed to examine a bush of fifty centimetres.

But then, something amazing happened: The more I roamed the Eifel, the bigger it became. With every discovery, it grew. And there was – no: there is – so much to discover. If you can find one small town with a population of 8,000 in Lapland among endless marshes and forests on an area as big as Rhineland-Palatinate, there is a multitude of villages and towns surrounded by various valleys and hills with a colourful dress made of meadows and grassland, fields and forests in the Eifel. There is an exciting mixture of nature and culture here that will fascinate you again and again.

By now I've learned that the Eifel with a size of 5,500 square kilometres is a small giant, a geographical and cultural piece of art that takes a fairly long time to discover. Constantly new paths lead over wooded hills with volcanoes and maars, through valleys – peaceful and adventurous – with small clear rivers, between grassland and acres, from narrow half-timbered streets to old churches, cloisters and castles.

You will see what I'm talking about when you look at my photos. You will see why I talk about experiencing my home, the Eifel, as something very emotional. So please don't ask me how much the Eifel would weigh shortly after midnight after

▲ Dieser Altar aus der Spätrenaissance von 1698 ist nur eines von vielen prachtvollen Elementen der Basilika des Salvatorianerklosters Steinfeld (Nordeifel) südlich von Kall.

This 1698 altar of the late Renaissance is just one of many magnificent elements in the basilica of the Salvatorian convent Steinfeld (northern Eifel) to the south of Kall.

half an hour of rain, or how high the amount of calcium carbonate is two metres below the earth at full moon! I don't know and I don't care. For me, it's about the sensual perception of an astonishingly diverse and beautiful landscape. And thankfully, this can sometimes be expressed through photography.

Time after time, I was granted special moments of being lucky enough to witness extraordinary light and the unique atmosphere it creates. I hope you, too, will experience something like this. Admittedly, there is no rule to catching a certain light in a certain place at a certain time, but the incredible and exciting variety of nature and culture is always going to be there. I can confirm that the Eifel is exciting as I do know a little bit of excitement from being an Eifel crime fiction author.

But enough of words! Let's go on a journey through my home – the 'land of dreams' that is the Eifel.

With kind regards
Hans Jürgen Sittig

P.S.: Working on this book has been a great joy to me and has often put me in a good mood. This also inspired my humour from time to time, so please don't take everything in the following chapters too seriously.

◀ Roter Fingerhut in einem Wald bei Oberstadtfeld (Vulkaneifel). Die bis zu zwei Meter hohe Pflanze mit den schönen dichten Blütenständen bedeckt oft Lichtungen und Kahlschläge im Wald. Aber das „Fuchskraut", wie sie auch genannt wird, ist eine lebensbedrohlich giftige Schönheit.

Purple foxglove in a forest near Obersadtfeld (Volcanic Eifel). Growing up to a height of two metres, this plant with its beautiful thick blossoms often spreads over wood glares. However, it is also a highly poisonous beauty.

▼ Ein Mann aus Heckhuscheid (Westeifel) bei Prüm legt bei Arbeiten am Haus eine kleine Arbeitspause ein.

A man from Heckhuscheid (western Eifel) near Prüm takes a small break while doing some work on the house.

▲ In der Nähe des Weinfelder Maares bei Schalkenmehren (Vulkaneifel) schnuppert ein kleiner Junge an gelben Blüten.

A little boy is smelling yellow blossoms close to the Weinfelder Maar near Schalkenmehren (Volcanic Eifel).

Ein Stoppelfeld mit Rundballen aus Stroh bei Ellscheid (Vulkaneifel) nahe Gillenfeld. Nachdem das Gewitter abgezogen ist, „malen" die ersten Sonnenstrahlen einen ganz schwachen und einen etwas stärkeren Regenbogen in die Luft. Schöner kann ein Unwetter kaum zu Ende gehen.

A stubble field with round bales of straw close to Ellscheid (Volcanic Eifel) near Gillenfeld. With the thunderstorm gone, the first rays of sunshine have painted two rainbows into the air, one stronger than the other. There's no nicer way to for severe weather to end.

Landschaft
Licht
und Weite

Haben Sie mitten am Tag schon einmal die Stille gehört? Ich habe sie einige Male gehört. Bei meinen Nordland-Reisen war ich rund ein Dutzend Male in Lappland. Dort bin ich auch einige Male oben im Fjäll gewandert, also über der Baumgrenze. Und als die Goldregenpfeifer mal ihren Schnabel hielten und nicht ihren zutiefst melancholischen Ruf verlauten ließen, als es windstill war und keine nahe Quelle etwas vor sich hin murmelte – da konnte ich sie hören: Die Stille.

Kein Flugzeug, kein Vogelruf, kein Fahrzeug, kein Räuspern des Windes in den Zweigen eines Baumes, kein Wasserplätschern. Einfach nur Stille. Das ist eine ganz eigenartige Erfahrung. Aber sehr ergreifend. So ganz mit sich allein zu sein, mit seinem Atem und seinem Herzschlag.

▲ Westlich von Mayen steht auf dem 557 Meter hohen Schneeberg bei Boos (Hocheifel) der 25 Meter hohe „Booser Eifelturm". Er ermöglicht einen fantastischen Blick auf die weite Eifellandschaft bis hin zum mit 747 Metern höchsten Eifelberg, der Hohen Acht rechts am Horizont. Ganz links ist auch die Nürburg mit dem Burgturm erkennbar.

The 25 metre high Booser Eifelturm is located on the Schneeberg Mountain of 557 m near Boos (High Eifel) and to the west of Mayen. It allows a fantastic view over the vast Eifel landscape right up to the highest Eifel mountain at 747 m, the Hohe Acht on the right of the horizon. Far on the left you can spot Nürburg Castle and its tower.

▶ Licht und Schatten über einer Rinderweide auf der Südseite des Laacher Sees (Osteifel)

Light and shade above a herd of cattle on the Laach Lake's south bank (eastern Eifel).

▲ Ein Bauer aus Niederscheidweiler (Vulkaneifel) östlich von Manderscheid mit zwei Pferden auf einer weiten Wiese, die sich mit ihrem Grün farblich wunderbar abhebt vom intensiven Blau des Himmels

A farmer from Niederscheidweiler (Volcanic Eifel) east of Manerscheid and two horses on a wide green meadow which contrasts beautifully with the sky's lush blue

▶ Blick vom mit Wacholder bewachsenen Baumberg bei Wiesbaum (Vulkaneifel) nördlich von Hillesheim auf Acker- und Weideflächen in einem milden Gegenlicht

The slightly contre-jour view down on acres and grassland from the juniper-covered Baumberg near Wiesbaum (Volcanic Eifel) north of Hillesheim

Das bebaute Land der Menschen war ganz weit weg dort oben, am Rand des Sarek-Nationalparks in Schwedisch-Lappland. Nichts war zu sehen von menschlicher Aktivität. Bis irgendwann über dem Horizont der Kondensstreifen eines hoch fliegenden Flugzeuges wieder eine erste menschliche Markierung setzte.

Sie fragen mich, was das mit der Eifel zu tun hat? Nun, für einen Moment, für ein paar Augenblicke war das wunderschön, diese nordische Stille. Aber es war auch eine besondere Erfahrung von Einsamkeit, die ich nicht gewohnt war. Und ich weiß nicht, wie lange ich absolute Stille ertragen könnte. Und dieses Gefühl von Einsamkeit. Selbst für viele Menschen des Nordens ist diese Einsamkeit nicht gut, vor allem wenn sie sich mit der Dunkelheit vereint. Denn auch die dort geborenen Menschen leiden unter der einsamen Dunkelheit.

Aber auf welchem Berg oder Turm ich in der Eifel auch stand: Ich sah und hörte immer Auswirkungen menschlichen Handelns in der Nähe und der Ferne. Und das ist gut so! Denn ich bin kein einsamer Trapper, der es schätzt, dass seine Fallen nichts erwidern, wenn er etwas sagt. Ich entstamme einer Gesellschaft von Menschen, die mehr oder weniger gesellig ist. Und ich mag diese Eifel-Mischung aus kleinen Dörfern und kleinen Städten.

Wenn ich auf dem fünfundzwanzig Meter hohen Booser Eifelturm im westlichen Kreis Mayen-Koblenz stehe und mich umschaue, dann sehe ich beinahe alles beispielhaft vor mir, was die Eifel mir geben kann. In dieser wunderbaren Weite bis zu den Horizonten liegen die Orte unaufdringlich verstreut zwischen Äckern, Wiesen und Wäldern. Es ist sehr viel Grün dabei – meine Lieblingsfarbe. Dunkles Grün und saftiges helles Grün. Hier und da auch etwas Braun und Beige. Und manchmal auch ein Blau darüber mit weißen Wattebäuchen. Es wirkt alles so richtig, so als wäre es die beste Lösung von allen. Vom Hochsimmerturm bei Mayen ist es wieder ein etwas anderes erstaunliches Erlebnis mit einem starken Kontrast: Im Norden liegen Wälder wie eine grüne Schleppe auf den Schultern der Berge und Vulkankegel der Hocheifel. Aber im Süden breiten sich im Frühsommer zu Füßen des Berges die mit gelbem Raps durchzogenen grün-gelben Landstriche der Pellenz und des Maifeldes aus. Vom Kaiser-Wilhelm-Turm auf der Hohen Acht scheint es fast nur Wald zu geben. Gerade die nördlich anschließende Ahreifel ist ein großes zusammenhängendes Waldgebiet mit sehr wenigen Siedlungen. Nur dort haben meine Jungs und ich einmal im Herbst bei einer kleinen Wanderung das Röhren von Hirschen gehört.

Von der Nürburg ist der Eindruck ähnlich. Das nahe Adenau verzeichnet beinahe 70% Waldfläche. Der Nürburgring führt überwiegend durch Wald.

▷ Von einer Mohnwiese bei Schalkenmehren (Vulkaneifel) geht der Blick weit über das Liesertal zu den bewaldeten Höhen westlich von Daun. In der Bildmitte erkennt man die 647 Meter hohe Vulkankuppe des Nerother Kopfes zwischen Neunkirchen und Neroth. Der Wald verbirgt die auf dem Gipfel liegende Ruine der Burg Freudenkoppe.

From a poppy field near Schalkenmehren (Volcanic Eifel) the view reaches far over the Lieser Valley up to the wooded hills to the west of Daun. In the centre of the picture the 647 metre high Nerother Kopf volcano can be seen between Neunkirchen and Neroth. The Freudenkoppe ruin on the summit is hidden in the forest.

▲ Ein sogenanntes „Schöpflöffelkreuz" steht hier an einem Feldweg östlich von Mayen (Osteifel), der zur kleinen Wallfahrtskirche Fraukirch führt, die zur Gemeinde Thür gehört.

A so-called 'Schöpflöffelkreuz' wayside cross can be found next to a country road to the east of Mayen (eastern Eifel) leading up to the small pilgrimage church that is part of the municipality of Thür.

▶ Die sanft gewellte Landschaft südöstlich von Mayen (Osteifel) mit dem Namen „Pellenz" wird im Frühsommer von Raps überflutet. Hinter den Orten Thür (rechts) und Kottenheim (Mitte) erheben sich die Vulkankuppen des Hochstein (553 m) rechts und des Hochsimmer (588 m).

The gently wavy landscape to the south-east of Mayen (eastern Eifel) called 'Pellenz' is flooded with rapeseed in early summer. At 588 and, respectively 553 metres, the Hochsimmer and, on the right, the Hochstein's volcano summits rise up behind the towns of Thür (to the right) and Kottenheim (in the centre).

▲ Die kleine Landstraße zwischen Saxler (Vulkaneifel) bei Gillenfeld und Ellscheid scheint beinahe in die schönen Sommerwolken zu führen.

The narrow country road between Saxler (Volcanic Eifel) near Gillenfeld and Ellscheid almost seems to lead up into the beautiful summer clouds.

▶ An einem warmen Tag im August liegt dieses Stoppelfeld südlich von Ellscheid (Vulkaneifel) unter einem wunderbaren Sommerhimmel.

This stubble field to the south of Ellscheid (Volcanic Eifel) stretches out beneath a wonderful summer sky on a warm August day.

Weiter südwestlich gibt es den Zwillingsturm zum Booser Eifelturm, den Turm von Steineberg bei Mehren, nahe an der A 48. Hier sieht man die Felder der Moseleifel im Süden und die nördlichen bewaldeten Vulkane rund um Daun.

Dort ist der steinerne Dronketurm auf dem 560 Meter hohen Mäuseberg der richtige Ort, um die Weite der Vulkaneifel zu erleben. Ebenso wie vom Holzturm auf der 617 Meter hohen Dietzenley bei Gerolstein. Auf der nördlichen Anhöhe über dem großen Krater des Meerfelder Maares ist ein ganz neuer Turm entstanden, der den Blick weit ins Wittlicher Land ermöglicht.

An klaren Tagen, wenn die Luft wie frisch gereinigt erscheint und auch noch die entfernten Wolken klare Konturen haben, sollte man nach „oben" auf die Höhen und Aussichtspunkte und die weiten Blicke genießen. Dann haben die Frühaufsteher vielleicht schon am Laacher See oder am Schalkenmehrener Maar mit ihrer Kamera frühe „Beute" gemacht. Falls die erste Sonne ihr bestes Licht ausgegossen hatte. Mit einem rötlichen Farbspiel vielleicht, was mir selbst zum Glück auch manchmal abends geschenkt wird. Denn ich bin kein Frühaufsteher.

Abends sollte man sich an östlichen Ufern bereithalten, wenn man so eine Ahnung hat, dass da Farbe in der Luft liegt. Sollte es windstill sein, so ergeben sich mitunter die schönsten Spiegelungen. Das frühe und späte warme Licht ist vor allem auch im Herbst der beste Fotoassistent. Aber so sehr uns solche Momente dann auch begeistern mögen und so sehr wir uns auch an der Möglichkeit erfreuen, sie „festhalten" zu können mittels eines technischen Apparates: In erster Linie hat sich das die Natur für uns selbst ausgedacht. Für unsere Seele.

So habe ich manches Mal auch ein Stück Traurigkeit empfunden, dass ich ein wunderbares Lichterlebnis nicht einfach nur in Ruhe in mich hineinfließen ließ. Sondern dass ich es beruflich verarbeitet habe – verarbeiten musste. Ganz dem „Jagdeifer" des Fotojournalisten „unterworfen". Um einen Ertrag zu erzielen an etwas, was ich gar nicht ausgesät hatte. Aber so müssen Fotografen handeln, wenn sie „überleben" wollen.

Grundsätzlich sollte man aber neben der technischen Fotoarbeit nicht vergessen, ein besonderes Licht, das gerade einen Teil der Landschaft oder alles verzaubert, ganz bewusst wahrzunehmen. Wenn ich das schaffe, dann bin ich glücklich. Und ich bin glücklich, dass ich in den vergangenen Jahren herausgefunden habe, dass ich nicht mehr erst bis an den Polarkreis fahren muss, um durch Landschaft ein Glücksgefühl zu erfahren. Das geht auch im „Traumland Eifel" – meiner Heimat.

▶ Von einer Anhöhe bei Schwirzheim (Westeifel) nahe Prüm ist dies der Blick nach Südosten. In der linken Bildhälfte sieht man hinter dem Kylltal bei Gerolstein den Höhenzug mit dem nördlichen Salmwald.

This view towards the south-east presents itself from a hill near Schwirzheim (western Eifel) close to Prüm. In the left half of the picture you can see the ridge with the northern Salm Forest behind the Kyll Valley near Gerolstein.

▽ Auf einem kleinen Hügel bei Steffeln (Vulkaneifel) hat sich ein Weißdorn zu einem kleinen Bäumchen entwickelt.

A whitethorn has developed into a small tree on a hillock near Steffeln (Volcanic Eifel).

Landscape
light and vastness

Have you ever heard silence in the middle of the day? I have. During my Nordic travels I spent some time in Lapland and hiked past the timber line, the fjäll. And in the calm, when the golden plovers piped down and no purling fountain was near, then I could hear it: Silence.

No planes, no birdcalls, no vehicles, no wind harrumphing in the tree tops, no burbling water. Just silence. It's a unique and moving experience to be completely on your own with only your breath and your heartbeat.

The cultivated land was far away up there on the outskirts of the Sarek National Park in Swedish Lapland. No sign of civilisation until the vapour trail of a high flying plane left a human mark again.

You're wondering what this has got to do with the Eifel? Well, just for a moment, for a few seconds, this Nordic silence was beautiful. But it also was an exceptional encounter with loneliness that I wasn't used to. I don't know how long I could bear absolute silence. Even people from the North struggle with it, especially when it is joined by darkness.

No matter which mountain or tower I climbed in the Eifel, I was always able to see and hear the impact of human actions near and far, and that's a good thing. I'm not a lone trapper who values the fact that his traps won't reply when he speaks. I belong to a society of people who are more or less sociable. And I like this Eifel-mix of small villages and small towns.

When I'm standing on the twenty-five metre high Booser Eifelturm in the western district Mayen-Coblence I can see everything the Eifel has to offer laid before me. In this wonderful vastness towns are scattered among fields, meadows and forests. There is a lot of green around – my favourite colour – from dark to a lush light green. Now and then there's some brown and beige, and sometimes, above, blue with white cotton wool. Everything seems so right, as if it were the best possible solution. Looking down from the Hochsimmer Tower near Mayen, the experi-

▲ Blick auf den Stausee des Grenzflusses Our bei Bauler südwestlich von Neuerburg (Westeifel). Das rechte Ufer gehört zu Luxemburg. Links erkennt man die Ruine der Burg Falkenstein.

Overlooking the border river Our's reservoir near Bauler to the south-west of Neuerburg (western Eifel). The right shore is part of Luxembourg. On the left you can see Falkenstein Castle's ruin.

▶ Vom Aussichtspunkt in Schmidt (Rureifel) gibt es einen der schönsten Ausblicke auf einen Teil des 10,6 km langen Rurstausees. Mit über 203 Mill. Kubikmeter gilt der Rursee volumenmäßig als der zweitgrößte Stausee Deutschlands.

One of the best views on one part of the 10.6 km long Rur Reservoir presents itself from the lookout in Schmidt (Rureifel). At over 203 billion cubic metres, Rur Lake is the second biggest reservoir by volume in Germany.

ence is a different one again with one powerful contrast: In the North, forests lie like a green train on the shoulders of the High Eifel's mountains and cones. In the South, though, the Pellenz and Mailfeld's green climes, pervaded by yellow canola, spread at the foot of the mountain in early summer. Standing on the Hohe Acht's Kaiser-Wilhelm-Turm, you seem to be surrounded by forest alone. In particular the Ahr Eifel, which follows in the north, is a huge continuous woodland with very few small towns. Only there have my boys and I ever heard stags bellowing during a small hike.

The panorama from Nürburg Castle is similar: The nearby municipality of Adenau registers almost 70% of woodland, the Nürburgring circuit mainly runs through forest area.

Further south west we can find the Booser Eifelturm's twin, the tower of Steineberg near Mehren, close to the A 48. From here, you can see the Moselle-Eifel's fields in the south and, northwards, the wooded volcanoes around Daun. There, the stone-built Dronketurm on the 560 metres high Mäuseberg is the right spot to experience the Volcanic Eifel's vastness. The same goes for the wooden tower on the 617 metres high Dietzenley mountain near Gerolstein. A completely

Über der Landstraße von Großlangenfeld nach Winterspelt (Westeifel) südlich von Bleialf lodern Flammenwolken über dem Abendhimmel.
Clouds are flaring like flames in the evening sky above the road from Großlangenfeld to Winterspelt (western Eifel) south of Bleialf.

Hinter den schwarzen Silhouetten einiger Kühe bricht das Sonnenlicht durch die Wolken. Eine Szenerie zwischen Gillenfeld (Vulkaneifel) und Pantenburg

Sunlight breaks through the clouds behind the black silhouettes of cows. Scenery between Gillenfeld and Pantenburg (Volcanic Eifel)

new tower has been built on the northern hill above the Meerfeld Maar's large crater which allows a view far into the Wittlicher Land.

On clear days when the air seems to just have come out of the dry cleaner's and even the far away clouds are still visibly outlined, you should be up on these hills and viewpoints and enjoy the vast panorama. Maybe some early risers will already have made a morning catch with their camera at the Laach Lake or the Schalkenmehren Maar if the sun poured out its best light. Some red-coloured play of shades, perhaps, which I'm thankfully graced with in the evening at times – I'm not an early riser. In the evenings, you should hold yourself ready at the eastern shores if you've got an inkling that there may be some colour in the air. Sometimes, on windless days, the most beautiful reflections unfold. Especially in autumn, the early and late warm light are the photographer's best assistants. But as much as these sorts of moments may amaze us and as much as we enjoy the possibility of capturing them with technological help: First and foremost, nature has intended it to be for us, ourselves. For our soul.

And so, from time to time, I experienced a slight sadness that I didn't just let a magnificent display of light wash over me unhurriedly. Instead, I processed it professionally; I had to, subject to a photojournalist's personal 'ardour of the chase'. All to reap something I hadn't sowed in the first place. But this is what a photographer has got to do in order to survive.

Generally, all technical photography aside, one shouldn't forget to consciously experience a particular light that partly or fully enchants the countryside. Whenever I manage that, I'm content. And I'm content to have discovered in recent years that there is no need for me to travel all the way to the polar circle to experience happiness through landscape. It works just as well in the 'Eifel, the land of dreams' – my home.

Sonnenuntergang in Winterspelt (Westeifel) an der belgischen Grenze bei Prüm. Das kleine Dorf, das hier im Winter von einer großen dunklen Wolke erdrückt zu werden scheint, wurde durch den Antikriegs-Roman von Alfred Andersch bekannt, der auch verfilmt wurde.

Sunset in Winterspelt (western Eifel) at the Belgian border near Prüm. The village, which looks as if it's being crushed by a huge dark cloud here, became famous through the release of the eponymous anti-war novel by Alfred Andersch that was also made into a film.

Im März bedeckt noch eine dünne Schneedecke das kleine Tal zwischen Ellscheid (Vulkaneifel) und Gillenfeld.

The small valley between Ellscheid (Volcanic Eifel) and Gillenfeld is still clad in a thin blanket of snow in March.

Der Uferbereich des Sangweihers bei Mehren (Vulkaneifel) im Februar. Im Sommer ist das 16 ha große künstlich gestaute Gewässer ein bedeutender Brutplatz von interessanten Wasservögeln wie Zwerg- und Haubentaucher und von einigen Entenarten. Während des Vogelzuges im Frühjahr und Herbst zeigen sich hier auch Fischadler.

The nearshore environment at the Sangweiher pond near Mehren (Volcanic Eifel) in February. In the summertime, the dammed water of 16 ha becomes an important breeding site for fascinating water birds such as little and great crested grebes and all kinds of ducks. During the time of bird migration in spring and autumn, ospreys can also be found here.

Eine Wiese mit Mohn und Margeriten südlich des Weinfelder Maares (Vulkaneifel). Bei einem solchen Motiv könnte man zum Mo(h)net werden und mit dem Malen beginnen.

A field of poppies and oxeye daisies to the south of the Weinfeld Maar (Volcanic Eifel), a subject that makes you want to turn into Monet and start painting

▲ Sonnenuntergang an einem Januartag bei Hinterweiler (Vulkaneifel) zwischen Daun und Gerolstein

A January sunset near Hinterweiler (Volcanic Eifel) between Daun and Gerolstein

◄◄ Am Ostufer des Laacher Sees (Osteifel) liegt ein abgestorbener Baum im Wasser. Am gegenüber liegenden Ufer erkennt man rechts die Abtei Maria Laach. Der Abend legt ein mildes blaues Licht und eine friedliche Stille über den ganzen See.

A dead tree lies in the water on the Laach Lake's eastern shore (eastern Eifel). The Maria Laach Abbey can be seen to the right on the opposite shore. Evening has bathed the lake in gentle blue light and peaceful calm.

◄ Bei strengem Frost liegt die Landschaft zwischen Rohr und Reetz östlich von Blankenheim (Nordeifel) wie erstarrt.

The landscape between Rohr and Reetz to the east of Blankenheim (Nordeifel) seems solidified in the severe frost.

▶ Westlich von Lammersdorf bei Simmerath (Westeifel) erstreckt sich ein kleiner uriger Kiefernwald auf moorigem Boden. Das hat mich spontan an eine Waldwildnis in Mittelnorwegen oder Schweden erinnert.

To the west of Lammersdorf near Simmerath (western Eifel) a small quaint pine forest extends over swampy ground, scenery which made woodland wilderness of central Norway and Sweden spring to my mind.

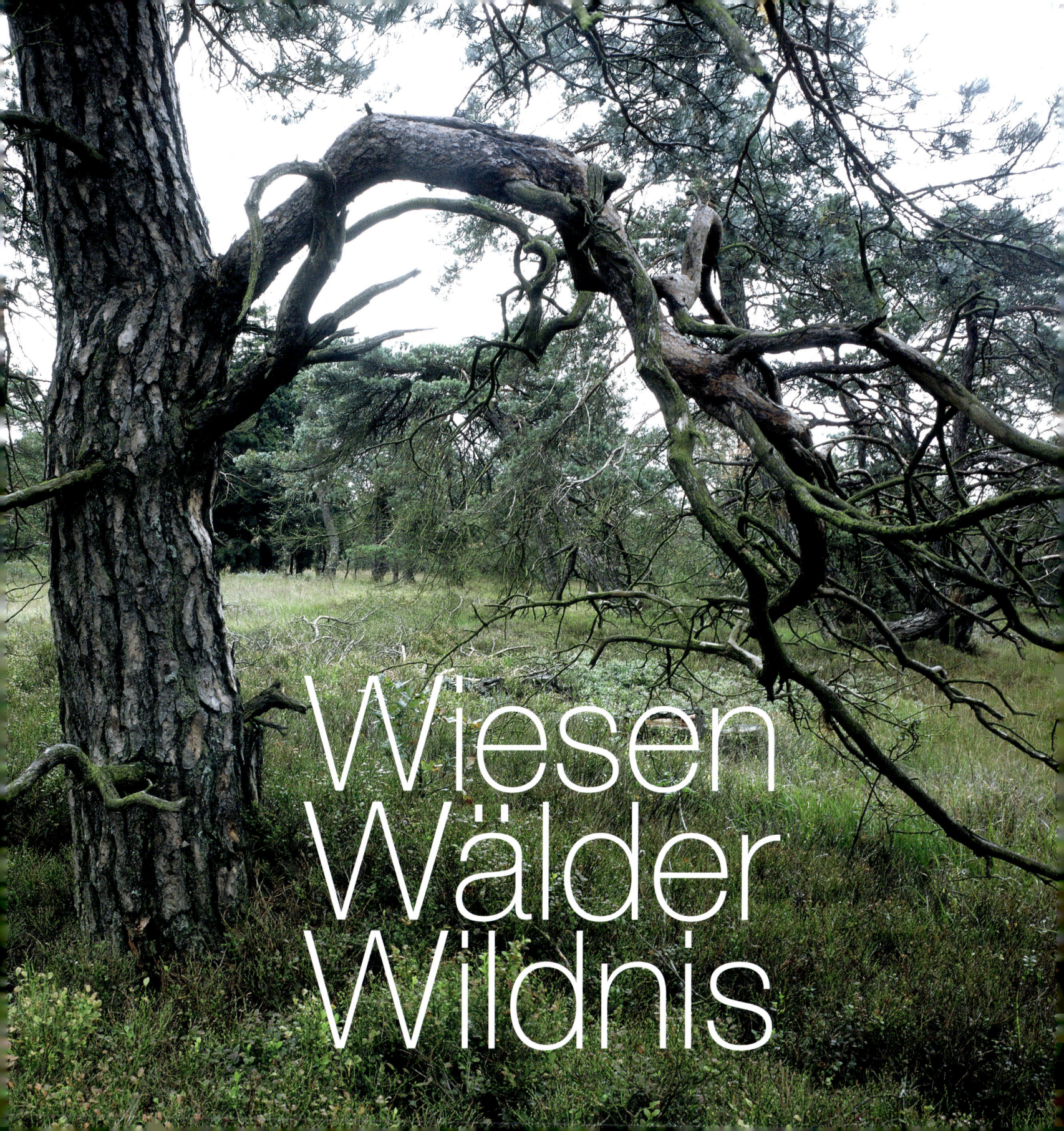

Wiesen
Wälder
Wildnis

Hätte der Mensch nicht eingegriffen, so wäre die Eifel wohl noch immer von einem großen zusammenhängenden Laubmischwald überwiegend aus mit Eichen durchsetzten Buchenwäldern bedeckt. Denn die ersten die Eifel durchstreifenden Menschen blieben in zehntausenden von Jahren zunächst das, was sie von Anfang an waren: Jäger und Sammler. Ohne Ambitionen auf eine Wiese oder ein Gemüsegärtchen vor der Höhle. Wahrscheinlich hatten auch die wenigsten Neandertaler, die durch die Eifel zogen, damals schon die Idee, ihren Frauchen von der Jagd auch noch ein frisch gepflücktes Sträußlein Blumen von sonnenüberfluteten Wiesenhängen mitzubringen. Die dürfte es im Waldland kaum gegeben haben. Außerdem: Wenn so ein Mann abends nach erfolgreicher Jagd sein Mammut zur Höhle trug, fehlte ihm meist wohl auch eine freie Hand für feinmotorische Frühromantik. Zumindest bot der endlose Wald immer wieder Möglichkeiten, an eine neue Keule zu gelangen. Wenn „er" mal wieder vergessen hatte, in welcher Kneipe er die alte hatte stehen lassen.

Angesichts der damaligen Situation mit ihrem beinahe alles bedeckenden Wald und der heutigen Wald-Situation erscheint es fast nicht vorstellbar, dass die Eifel zu Beginn des 19. Jahrhunderts eine beinahe waldfreie Wiesen- und Heidelandschaft voller Schafe war. Doch man gewährte dem Wald zum Glück wieder die Vorfahrt.

Die Preußen jedenfalls, die die Eifel nach Napoleons Niedergang 1815 wieder übernommen hatten, griffen heftig in den Naturhaushalt ein. Denn sie begannen damals mit einer starken Wiederaufforstung meiner Heimat, allerdings mit den schnellwüchsigen, jedoch in unserer Region nicht heimischen Fichten.

Deren natürliche Herkunftsgebiete liegen in Skandinavien von Südnorwegen bis Lappland, außerdem in einem Bereich zwischen Bayerischem Wald und Karpaten und schließlich im alpinen Raum von den Vogesen über den Schwarzwald bis über die gesamte Alpen.

Wenn man die Nutzungskapazität von Fichte und Buche vergleicht, so erkennt man rasch den Grund für das preußische Vorgehen: Das

▲ Mohn ist einfach etwas ganz Besonderes – vor allem, wenn die Sonne durch die zarten Blüten scheint und das Rot zu leuchten beginnt.

Poppy really is something very special, especially with sunlight piercing through its delicate petals and making the red shine.

▶ Sonnendurchleuchtete Lupinen an einem Straßenrand bei Bitburg (Südeifel)

Sun flooding through wayside lupines near Bitburg (southern Eifel)

▶ Löwenzahn wie hier bei Neunkirchen (Vulkaneifel) bei Daun hat wunderbar gelbe und sonnenhungrige Blüten, die sich nachts, bei Regen und bei Trockenheit schließen.

Dandelion, such as this one near Neunkirchen (Volcanic Eifel) and Daun, has marvellously yellow and sun-seeking blossoms that close at night-time, in rain and in draught.

▼ In einem steinigen Hang zwischen den Weinbergen bei Dernau (Ahreifel) fand ich ein großes Areal voller Ringelblumen.

I discovered this broad pocket of land full of marigold on a stony hill in-between the vineyards near Dernau (Ahr Eifel).

Nutzungsalter beider Bäume, also der Zeitpunkt des optimalen Holzertrages, differiert bei beiden Baumarten merklich. Während es bei der Buche nach 140–160 Jahren bei einem erwarteten Brust-Höhen-Durchmesser (BHD) von mindestens 60 cm erwartet wird, liegt der Wert bei der Fichte bei rund 100 Jahren mit einem BHD von über 45 cm.

Diese deutlich schneller erreichte Schlagreife war ausschlaggebend für die großflächigen Anpflanzungen in der Eifel. Der in vielen Belangen geringere Wert des Holzes an sich und die enorme Schädlings- und Sturmanfälligkeit der flach wurzelnden Fichten wurden erst in unserer Zeit zunehmend ein ernst genommenes Thema.

Diese Waldsituation in der Eifel vor 200 Jahren lässt schon erkennen, dass der Wald auch damals nicht aus purer Zuneigung zum Wild oder zur Erbauung für Romantiker angelegt wurde, um deren Dichtkunst unter den staunenden Augen von Sau und Hirsch angemessene Stille und Ungestörtheit für ihr Erblühen zu ermöglichen. Wald war und ist in der Hauptsache ein Erntegut wie Getreide, nur das man ihn länger gießen und „ein paar Jahre" mehr Geduld haben muss.

Daraus ergibt sich, dass wir in ganz Deutschland im eigentlichen Sinne so gut wie keine wirkliche Wald-Wildnis haben. Denn beinahe jeder Wald wurde bis in unsere Tage genutzt. Eine Ausnahme bildet der Nationalpark Bayerischer Wald, der in seinem Kerngebiet eine seit 300 Jahren unangetastete und von menschlichem Eingriff freie Zone besitzt. In dem sich der Wald entwickeln konnte, „wie er selbst es wollte", nämlich ganz natürlich. Was auch bedeutet, dass allmählich absterbende alte Bäume umstürzen und zerfallen dürfen, ohne dass man sie wegen eventueller Schädlingsentwicklung entfernt.

Diese wunderbare Situation haben wir nun endlich auch in der Eifel. Der erste Nationalpark im nordrheinwestfälischen Teil der Nordeifel soll und wird uns Wildnis zurückbringen.

Als ich das erste Mal mit einem der Ranger in dessen Geländewagen in den Park aufgebrochen bin, hatte ich große Erwartungen. Das Wort „Nationalpark" ist so sehr befrachtet mit Bildern von Wildnissen in Afrika oder den Rocky Mountains, dass man es nicht vermeiden kann, mit hohen Erwartungen loszuziehen. Aber die können natürlich in diesem Maße nicht erfüllt werden. Dort *soll* einmal eine Wildnis entstehen, weil man jetzt begonnen hat, den Wald in Ruhe zu lassen. Und an ein paar Stellen merkt man auch schon erste Veränderungen. Da gibt es plötzlich eine ganze Reihe altersschwacher Buchen voller Baumpilze, die stehen bleiben dürfen, weil sie beispielsweise mit ihrem breiten Angebot an Insektenlarven für viele Spechte und andere Waldvögel eine willkommenen Snackbar sind. Sowohl für den eigenen klei-

◄ Vor allem die Kalkeifel nördlich von Hillesheim ist für zahlreiche Orchideenvorkommen bekannt. In Feuchtwiesen und auf Trockenrasen finden sich oft tausende von Knabenkräutern verschiedener Arten in standorttypischen Gesellschaften. Diese Aufnahme zeigt Knabenkräuter bei Utzerath (Vulkaneifel). (Foto: Lothar Lenz)

The Kalkeifel to the north of Hillesheim is noted for its high distribution of orchids. Thousands of different species can be found on wet meadows and dry grassland in company of other plants typical for the location. This picture shows orchids near Utzerath (Volcanic Eifel). (Photo: Lothar Lenz)

◀ Drei Jungfüchse genießen den Sonnenschein vor ihrer Höhle bei Dohr (Moseleifel) nahe Cochem. Die kleinen Strolche verlassen erstmals ab einem Alter von einem Monat ihre Höhle, in der die Fuchsfähe meist 4–6 Junge gebiert.

Three fox cubs are enjoying the sunshine in front of their burrow close to Dohr (Moselle Eifel) near Cochem. At the age of one month, the little rascals first leave the burrow in which the mother usually gives birth to 4-6 young.

▲ Die Haubenmeise ist eine der verbreitetsten Meisen in Deutschland, wird aber oft neben Kohl- und Blaumeise nicht so bewusst wahrgenommen. (Foto: Lothar Lenz)

Despite being one of the most widespread tits in Germany, the crested tit is often overlooked next to great and blue tits.

◀ Ein junger Steinmarder im Sprung (Moseleifel). Im Gegensatz zum scheuen Baummarder ist der Steinmarder ein Kulturfolger und hält sich auch gern in der Nähe der Menschen auf, beispielsweise in Scheunen, auf Dachböden – oder unter Motorhauben. Manchmal hört man in der Nacht auch ihr scharfes zischendes Fauchen. (Foto: Lothar Lenz)

A young stone marten in the jump (Moselle Eifel). Unlike the shy pine marten, the stone marten is a synanthrope that enjoys staying close to humans, for instance in barns, attics – or engine covers. At times, you can hear their sibilant, snarling hissing at night. (Photo: Lothar Lenz)

nen Hunger zwischendurch als auch als Ganztagesbuffet für gestresste Vogeleltern mit nimmersattem Nachwuchs daheim.

Zur angemessenen Renaturierung strebt die Parkverwaltung außerdem auch die Entfernung des noch im Parkgebiet existierenden Fichtenbestandes an. Mit dem Ziel, wieder einen wirklichen eifelgemäßen Laubmischwald zu etablieren. Da werden sich die rund fünfzig Wildkatzen im Park freuen. Dabei sollen auch schon außerhalb des Parks in der gesamten Eifel-Ardennen-Region um die eintausend dieser Tiere leben. Dies gilt als stärkster Wildkatzen-Bestand in ganz Mitteleuropa. So „wild" ist also die Eifel auch außerhalb des Nationalparks, dass die scheuen „Eifeltiger" längst fester Bestandteil der Eifel-Fauna sind. In manchen Eifelgemeinden ist der Waldanteil ja auch enorm hoch. Densborn im Kylltal beispielsweise verzeichnet 73% an der Gesamtfläche. Und wenn Sie entlang der Autobahnen diese Wildschutzzäune bemerken, die an der Oberkante noch ein Stück nach außen zum Wald hin abgeknickt sind, dann erkennen Sie auch daran, dass Sie durch Wildkatzenland fahren. Denn dieser Knick soll den Katzen das Überklettern und tödliche Autobahnqueren unmöglich machen.

Ein anderer „Wilder" ist der Biber. Seit er in den 80er Jahren im Hürtgenwald ausgesetzt wurde, ist er auf den Vormarsch und wandert auch immer tiefer in die Eifel hinein. Seine Stauanlagen und Geländevernässungen sind auch ganz im Sinne des heimlichen Schwarzstorchs. Einen davon haben meine Jungs und ich auch schon einmal unfreiwillig an einem Eifelbach aufgescheucht.

Nach der Definition von Wildnis als „vom Menschen unbeeinflusste Natur" – im Gegensatz zur Kulturlandschaft – gibt es zwar praktisch keine Wildnis mehr in den Gebieten außerhalb deutscher Nationalparks. Aber das ist für Freunde des Waldes, zu denen auch ich mich zähle, kein Grund für Traurigkeit oder Verzweiflung. Denn Wald entfaltet seine besondere Wirkung auf uns auch schon lange, bevor er „Urwald" ist. Auch die uns umgebenden verschiedenen „normalen" Waldformen zwischen Laub- und Nadelwald wecken bei vielen von uns starke Emotionen. Bis hin zu einer andächtigen und respektvollen Wahrnehmung eines weiten Waldes mit seinen großen alten Bäumen. Mir geht es jedenfalls so.

Manchmal ist es auch schon ein einzelner Baum, der uns mit einer Besonderheit überrascht und begeistert. Zum Beispiel mit einer ungewöhnlichen Wuchsform wie aus einem Märchenwald. Auch solche Bäume finden sich immer wieder mal dort draußen in den uns umgebenden Wäldern. Wie beispielsweise viele ältere Buchen auf dem Nerother Kopf bei Daun mit ihren teilweise freiliegenden oberen Wurzelbereichen. Dort würde man sich nicht wundern, wenn ein Zwerg hinter ihnen hervorschaute. Um Wald mit seiner beruhigenden oder begeisternden oder zum Finden der eigenen Stille führenden Wirkung erleben zu können, braucht es zum Glück nicht den Wildnis-Wald.

Dabei wollen wir ja nicht vergessen, dass die Eifel gerade dadurch so abwechslungsreich ist, dass sie eben nicht mehr wie zu Urzeiten völlig bewaldet ist, sondern dass sie eben auch über waldfreie Flächen verfügt. Als Beispiel der in der Mitte der Eifel liegende Landkreis Vulkaneifel: Am 1. Januar 2011 waren mehr als 45 % seiner Fläche von Wald bedeckt und rund 42 % waren Landwirtschaftsfläche. Doch von diesem landwirtschaftlich genutzten Boden waren nur rund 26 % Ackerland, aber 74 % Dauergrünland. Auf dem der Wanderer wieder Licht und Weite „tanken" und sich an einer Blumenwiese erfreuen kann, wenn er aus dem Wald tritt. Baumlose Freiflächen sind in der Eifel auch nicht immer nur „einfache" Wiesen und Weiden. Nein, nein, da gibt es ganze Hügel mit struppigem Wacholder. Und, weil wir nach all den Jahrhunderten mit viel Adel und Burgen anspruchsvoll geworden sind, immer wieder auch sogenannte Kalkmagerrasen mit den Königinnen unter den Blumen: den Orchideen.

Aber noch einmal zum Wald: Es macht mich froh, dass wir eines Tages einen „wilden" Wald im Nationalpark Eifel erleben werden. Na ja, sagen wir mal optimistisch – unsere Enkel. Seine spektakuläre Lage mit den sich bis hoch über den Rursee erstreckenden Wäldern, den stillen Tälern und weiten, windzerzausten Grasebenen auf der Hochfläche machen ihn schon jetzt zu einem einzigartigen Naturerlebnis.

◄ Der Nationalpark Eifel (Nordeifel) besteht nicht nur aus Wäldern, sondern hat einen besonderen Reiz auch durch die weiten Grasflächen der Hochebenen. Damit auch dieser ungewöhnliche Charakter erhalten bleibt, den früher die Nutzung als Truppenübungsplatz hervorbrachte, lässt man hier ein paar Ziegen und rund 850 Schafe weiden.

The Eifel National Park (northern Eifel) doesn't just consist of forest, its special appeal is the plateau's vast grasslands. A few goats and about 850 sheep are deployed to maintain this unique impression which spawned the area's use as a military training area.

▷ Hohes Venn im Winter, hier bei Monschau-Mützenich (Rureifel). Die atlantischen Wolken stoßen erstmals auf die über 600 m hohe „Barriere" der Eifel und regnen sich ab. Das hat schließlich auch die Bildung des 4500 ha großen Moorgebietes begünstigt, das sich überwiegend auf der belgischen Seite erstreckt.

The Hohes Venn in winter, here close to Monschau-Mützenich (Rureifel). Atlantic clouds first hit the Eifel 'barrier' of 600m and shower down which facilitated the formation of 4500 ha of marshland which mainly spreads on the Belgian side of the border.

▽ Auf dieses schöne Birkenwäldchen bin ich in der Schavener Heide bei Kommern (Nordeifel) gestoßen. Und natürlich erinnerte es mich an Pippi Langstrumpfs Land Schweden, wo Birken weit verbreitet sind.

I came across this lovely birch grove in the Schaven Heath near Kommern (northern Eifel). Of course it reminded me of Sweden, the land of Pippi Longstocking, where birches are widely spread.

Grassland woodland wilderness

Without human intervention the Eifel would still be a covered with mixed deciduous woodland consisting mainly of beech forest and oaks. For tens of thousands of years, the first humans ranging the Eifel remained what they had been since the beginning: Hunters and gatherers without any wish for a vegetable garden or a front lawn at their cave. Presumably, only very few Neanderthals that roamed the Eifel thought of bringing their wifey flowers from sun-drenched meadows when they came home from hunting as there most likely weren't too many of those in the thick forest. Besides: Carrying a mammoth back to the cave probably didn't leave a free hand for early romantic fine motoring skills. At least the endless forest also meant an endless supply of new wooden clubs in case he couldn't remember which bar he'd left the old one in.

In the light of the widespread forest of those days and the current woodland situation it is hard to imagine the Eifel at the beginning of the 19th century, a practically woodless heath full of sheep. Thankfully, forest was given way again at last.

At any rate, after taking over the Eifel following Napoleon's downfall in 1815, Prussia interfered heavily with the ecosystem by starting the reafforestation. However, they chose fast-growing non-native spruce, which has its origin in southern Norway and Lapland as well as a region between the Bavarian Forest and the Carpathian Mountains and the alpine areas from the Vosges throughout the Black Forest and the Alps.

Comparing the profit of both beech and spruce, it is easy to understand the Prussian approach: There is a noticeable difference between their dates of timber harvest, a beech's being 140-160 years with a diameter of 60cm at breast height (DBH), a spruce's meanwhile being about 100 years with a DBH of 45cm, leading to them being extensively planted in the Eifel. Only today has the topic of the timber's comparatively low value and its liability to pest infestation and storm damage become something to be taken seriously.

The woodland situation in the Eifel from 200 years ago shows that afforestation had little to do with love for the wildlife or to enable silence for the romanticists to blossom into poets under the marvelling eyes of boar and deer. Woodland was and still is mainly a harvest not unlike crop just with more watering and waiting involved.

Consequently, there is almost no wild woodland in the proper sense in Germany, as every forest has been commercially used up until today. One exception is the Bavarian Forest National Park, the core of which contains an untouched zone without human interference where for 300 years forest has been able to develop 'as it wished', that is to say completely naturally. This also includes letting old trees die off, fall and decompose without removing them for fear of pests.

Finally, this wonderful situation has found its way into the Eifel as the first National Park in the North-Rhine Westphalian part of the northern Eifel is going to bring back some wilderness.

In einem Buchenwald zwischen Densborn und Salm (Vulkaneifel) südlich von Gerolstein spielt das Sonnenlicht mit den herbstlich-bunten Blättern.

Sunlight playing in the colourful autumn leaves in a beech forest between Densborn and Salm (Volcanic Eifel) south of Gerolstein.

My hopes were high when I first entered the park with one of the rangers. The term 'National Park' is so charged with images of African wilderness or the Rocky Mountains that it's hard to avoid having great expectations. Of course those can't be satisfied to the full extent. Now that the forest has been left alone, wilderness is supposed to develop, and some of the imminent change can be seen here and there. You can suddenly spot beeches decayed with age that with their broad range of larvae remain as a welcome snack bar for woodpeckers and other birds with ravenous young at home.

As part of the renaturation process, park management is also aiming at removing the stock of spruces still remaining in the park to re-establish the mixed deciduous woodland that is typical for the Eifel. Something the fifty wildcats in the park should be enjoying. Overall, there are said to be about one-thousand of them in the entire region of Eifel and Ardennes which is the biggest population of wildcats in Central Europe. The Eifel therefore appears to be wild enough even outside the park for these shy 'Eifel tigers' to become an inherent part of it. The proportion of woodland is appropriately high in some Eifel municipalities; Densborn in the valley of Kylltal for example registers 73%. If you spot veterinary fences along the autobahn with their upper edge tilting towards the forest you know you're driving through wildcat country. The sharp bend is supposed to make it impossible for cats to climb over the fence and risk fatal crossings.

Another 'wild one' is the beaver. Ever since the 80s when they were put into the wild in the Hürtgenwald forest they have been gaining ground and also immigrated

▲ Noch nie habe ich selbst eine Ansammlung einer solch hübschen Fliegenpilz-Familie gesehen. Meinem Fotografenfreund aus Studientagen Lothar Lenz aus Dohr bei Cochem, der sich eigentlich auf Pferdefotografie spezialisiert hat, war dieses Glück im Wald bei Dohr (Moseleifel) beschert.

I have never been able to find a fly agaric family of such beauty myself. Lothar Lenz from Dohr near Cochem, a friend and photographer of student days who specialises in horse photography, was more fortunate in a forest near Dohr (Moselle Eifel).

▶ Was früher einem Waldbesitzer mehr Schrecken einjagte als die Begegnung mit einem Werwolf war ein solcher Baum im Bestand, galt dieser doch als Brutstätte für Schädlinge. Im Nationalpark Eifel (Nordeifel) dürfen alte Buchen mit Pilzbefall stehen bleiben und dienen Spechten und anderen Waldbewohnern als vertikales Buffet mit Käfern und Larven.

The only thing a forest owner had to fear more than a werewolf encounter was a tree like this in the stand as it was considered a breeding ground for pests. In the Eifel National Park (northern Eifel), beeches with fungal infestations remain as a vertical buffet for woodpeckers and other forest animals.

▶ „Leichen erwünscht"! Das ist selten zu hören, aber im Fall des Nationalparks Eifel (Nordeifel) zutreffend, solange es sich um Baumleichen handelt. Hier dürfen Bäume ihr Höchstalter erreichen und umfallen. Der Zersetzungprozess ist Nahrungsgrundlage für viele Organismen und Kleinlebewesen, die wiederum größeren Tieren als Nahrung dienen.

'Corpses are welcome!' Not something you expect to hear anywhere but fitting in the case of the Eifel National Park (northern Eifel) as long as it refers to tree corpses. Trees are allowed to reach their maximum age and fall. Their decomposition is a basic food resource for many organisms and microbes that serve as nourishment for bigger animals.

further to the Eifel. Their dams and waterlogging are quite in the interest of the black stork one of which my boys and I accidentally startled at a stream once.

Following the definition of wilderness being 'nature unaffected by humans' – as opposed to cultural landscape – there is practically no wilderness left outside of German national parks. However, that is no reason for friends of the forest – and I count myself among them – to despair. Long before being 'jungle', forest already takes full effect on us. Even the 'common' sorts of coniferous or deciduous woodland stir emotions up to reverent appreciation of an expansive forest and its massive trees. At least I'm that way.

Sometimes it might just be a lone tree that amazes us with its uniqueness, for example with its extraordinary growth form like something out of an enchanted forest, something that can be found out there in the nearby woods. There are a lot of old beeches on the Nerother Kopf mountain near Daun with an exposed upper root area that wouldn't surprise you to have a dwarf peeking out behind them. Fortunately, you don't need sylvan wilderness to experience a forest's soothing, inspiring atmosphere.

Meanwhile, let's not forget that the reason for the Eifel's richness of variety is the existence of some non-wooded areas instead of the continuous forest of primeval times. Take for example the district Vulkaneifel located in the centre of the Eifel: On the 1st January 2011, more than 45% of the land was registered as woodland while about 42% was farmland. However, only 26% of this was acreage while 74% remained as permanent grassland, free for hikers to step out of the forest and enjoy light and vastness on a field of flowers. In the Eifel, treeless spaces don't always equal 'common' grassland. On the contrary, there are rolling hills covered with juniper. And, as we do have certain standards after centuries of castles and nobility, we can find so-called calcareous low-nutrient meadows with the queens of all flowers: orchids.

A few more words about the woodland: I'm glad to know that one day we will be able to experience 'wild' forest in the Eifel National Park. Or, well, being optimistic – our grandchildren will. Its spectacular location with forests spanning far above Lake Rur, its quiet valleys and its vast wind-swept grassy plateaus already make it a unique experience of nature.

Auf dem Eusberg bei Mirbach (Vulkaneifel) nördlich von Hillesheim finden sich noch Bestände von Wacholder, die der Landschaft etwas Wildes und Urtümliches verleihen.
Distributions of juniper that give the landscape an air of wilderness and earthiness can be found on the Eusberg near Mirbach (Volcanic Eifel) north of Hillesheim.

▶ Auf dem 8 km langen Fahrweg durch den 220 ha großen Wildpark Daun (Vulkaneifel), der auch wegen der Vielfalt seiner Tierarten bekannt ist, wird es besonders spannend im Revier der mehr als 100 Wildschweine: Sie kommen ganz nahe ans Fahrzeug und streiten sich manchmal auch quiekend und rabiat um zugeworfene Maiskörner.

The 8 km long road that runs through the 220 ha wildlife park in Daun (Volcanic Eifel) which is known for its wide range of species reaches its highlight in the boar territory: Coming up very close to the vehicle, they sometimes start furious, squealing fights over the corn.

▶ Einer der schwarzen Wölfe im Wolfsgehege der Kasselburg bei Pelm (Vulkaneifel). Unterhalb der mächtigen Burgruine lebt ein knapp 20-köpfiges Rudel in einem von Felsbrocken übersäten Buchenwald. Wie in der freien Natur regulieren sie auch hier ihren Bestand selbst. So wurde das Rudel nie größer als 25 Tiere.

One of the black wolves in the Kasselburg Castle's wolf enclosure near Pelm (Volcanic Eifel) A pack of about twenty lives in a rocky beech forest at the foot of the powerful ruin. They regulate the size of the pack which has never grown beyond 25 animals themselves as they would do in wilderness.

▽ Auf einer Wiese bei Winkel (Vulkaneifel) bei Gillenfeld hat der morgendliche Tau ein Spinnennetz mit Perlen aus Wassertropfen geschmückt.

On a meadow near Winkel (Volcanic Eifel) close to Gillenfeld the morning dew has adorned a cobweb with pearls of water drops.

◀ Die als „Teufelsschlucht" bezeichnete Felslandschaft am Ostabfall des Ferschweiler Plateaus bei Irrel (Südeifel) soll am Ende der letzten Eiszeit entstanden sein. Wasser gelangte unter die aufliegende Sandsteinschichtung und das Gefüge wurde instabil, brach auf oder auseinander. Durch die schmalen Klüfte führt ein beliebter Wanderpfad.

The cliff scenery referred to as 'Teufelsschlucht' (Devil's Canyon) at the Ferschweil Plateau's eastern slope near Irrel (southern Eifel) is said to have formed in the last ice age. Water spread below the overlying level of sandstone leading to instability and the structure broke apart. A popular hiking trail leads through the narrow chasms.

▼ Der Wanderweg durch die Feldwildnis der Teufelsschlucht führt meist unterhalb der mächtigen Felskante aus Sandstein entlang. Hier sieht man viele abgesprengte und abgestürzte Felsbrocken, die dem ganzen Szenario eine zusätzliche Urtümlichkeit und Wildheit verschaffen.

The trail through the Teufelsschlucht's rocky wilderness often runs underneath the impressive sandstone cliff's edge. From here you can spot many split off and crashed pieces of rock that add to the unspoilt and untamed atmosphere.

Im Gipfelbereich des Nerother Kopfes (Vulkaneifel) findet sich ein schöner Buchenwald mit vielen Bäumen, die mit ihrer markanten Stammbasis auch aus einem Märchenwald stammen könnten.

A lovely beech forest with a lot of trees with striking stem bases that look like they belong into an enchanted forest can be found near the Nerother Kopf's summit (Volcanic Eifel).

Auf dem Gipfel des 647 Meter hohen Vulkankegels „Nerother Kopf" zwischen Neroth und Neunkirchen bei Daun findet sich die Mühlsteinhöhle. Hier wurden noch bis 1788 Mühlsteine aus dem Lavafels geschlagen. Der Fels diente auch dem Bau der Burg Freudenkoppe, deren Ruine im Buchenwald oberhalb der Höhle verborgen liegt.

The Mühlsteinhöhle (millstone cave) is situated on the Nerother Kopf's summit, a volcanic cone of 647 metres between Neroth and Neunkirchen near Daun. Up until 1788, millstones were cut from the lava rock which also played an important part in the construction of Freudenkoppe Castle, the ruin of which is hidden in the beech forest above the cave.

▶ Die Buchenlochhöhle bei Gerolstein (Vulkaneifel) ist mit über 1 Million Jahren eine der ältesten Wohnimmobilien der Eifel. Zunächst waren es Höhlenbären, dann Steinzeitmenschen und schließlich Gerolsteiner, die Schutz vor Luftangriffen im 2. Weltkrieg suchten. Jetzt ist sie „nur" noch ein beliebtes Ausflugsziel an den „Gerolsteiner Dolomiten".

With its one million years the Buchenloch Cave near Gerolstein (Volcanic Eifel) is one of the oldest Eifel properties. Cave bears at first, then Stone Age men followed and eventually the population of Gerolstein sought shelter during World War II air raids. Nowadays, it's 'only' a popular tourist attraction in the 'Gerolstein Dolomites'.

◀ Für die Neandertaler der Steinzeit war es sicher schon vor 80.000 Jahren eine dringende Notwendigkeit, in der Kakushöhle bei Dreimühlen südlich von Mechernich (Nordeifel) ein Feuer zu machen. Das ist heute verboten. Ein junges ausländisches Filmteam hatte wohl eine Genehmigung und ich konnte die Gelegenheit spontan für mein Foto nutzen.

80,000 years ago in the Stone Age it was probably a necessity for Neanderthals to make fire in Dreimünden's Kakus Cave south of Mechernich (northern Eifel). Today, this is prohibited. A young foreign film team apparently had a commission, an opportunity which I was able to use for my photo.

Diese meterhohe Sandstein-„Kröte" hockt unscheinbar am Wanderpfad durch die Felslandschaft der Teufelsschlucht (Südeifel). Und wenn ihr ein Wanderer zu nahe kommt …

*Unremarkably, this enormous sandstone 'toad' sits at the hiking trail through the Devil's Canyon's rocky
landscape (southern Eifel). And when a hiker gets too close …*

Eine Vogelscheuche in einem Kohlfeld bei Habscheid (Westeifel) westlich von Prüm. Wir können nur hoffen, dass Tante Käthes Kleid im früheren Leben nicht so abschreckend auf Menschen gewirkt hat, wie es jetzt auf Vögel abschreckend wirken soll.

A scarecrow in a cabbage field near Habscheid (western Eifel) to the west of Prüm. We can only hope Aunt Käthe's dress didn't act quite so much as a deterrent against humans as it does against birds today.

◀ So schön wie bei dieser Kuh in der Nähe von Weyer (Nordeifel) bei Mechernich können Kuhaugen sein. Und die beeindruckenden Wimpern sind garantiert frei von jeglicher Nachbearbeitung.

Cow eyes can be just as beautiful as this cow's near Weyer (northern Eifel) close to Mechernich. These impressive lashes have definitely needed no retouching.

Landwirtschaft
Mensch und Tier

Die Historiker gehen davon aus, dass die Anfänge der Landwirtschaft etwa mit dem Beginn der Jungsteinzeit um 11000 v. Chr. zusammenfallen. Früheste Spuren agrarischer Aktivitäten fanden sich in den Ländern rund um das östliche Mittelmeer und in Mesopotamien. In Mitteleuropa soll es erst ab etwa 5500 v. Chr. mit Ackerbau und Viehzucht losgegangen sein.

Wie zu erwarten war, fingen wir Eifeler auch bei diesen Dingen noch *etwas* später an als andere. Misstrauisch allem Neuen gegenüber gucken wir uns „Neuerungen" eben erst mal eine ganze Weile an. Und das kann dauern.

Aber wir hatten es ja schließlich auch nicht so leicht wie zum Beispiel die Ägypter. Während der Nil seine Niederungen nach Überschwemmungen mit fruchtbarem Schlamm ausstattete, lagen nach Überschwemmungen der Kyll oder der Ahr nur die Steine anders. Und das war nicht der einzige signifikante Unterschied. Die Steine gab es nicht nur in den Eifeltälern. Steinig und karg waren vor allem auch die Hochflächen und Höhenzüge. Und was noch erschwerend hinzu kam: Alles war von Wald bedeckt. Buchen und Buchen und Buchen und Eichen, soweit das Auge reichte. Bevor sie jetzt „na und" sagen und uns Eifelern mangelnden Eifer vorwerfen, fordere ich sie auf, mal so eine alte Buche mit achtzig Zentimeter Stammdurchmesser mit den Händen auszugraben. Oder eine fünfhundert Jahre alte Eiche mit zwei Metern Stammdurchmesser. Sogar die Neandertaler, die alle noch kein Abitur hatten, waren schon pfiffig genug, sich das ganz aus dem Kopf zu schlagen. Die schwäbische Firma

Stihl hatte damals auch noch keine Filiale nördlich der Mosel. Also blieben die Menschen Jäger und Sammler. Und sammelten weiter Wildschweine und machten Jagd auf Steinpilze.

Erst in der jüngeren Steinzeit etwa 4000 bis 2000 v. Chr. kam es dann wohl allmählich zu einer zunehmenden Besiedlung zumindest an den Eifelrändern. Um 2500 v. Chr. sollen dann sogar schon in der Vulkaneifel Weizen, Gerste und Hirse angebaut worden sein, einher gehend mit dem Mahlen von Mehl. Alles allerdings in bescheidenem Umfang. Die Hochlagen der Eifel mit ihren kargen Böden waren nicht und wurden nie agrarisches Traumland. Bis heute nicht.

Vor rund 2000 Jahren gab es dann jedoch einige weitere Veränderungen auch in der Eifel, wie schon im Kapitel über die Besiedlung erwähnt. Die Römer hatten es endlich geschafft, die Porta Nigra aus Italien an die Mosel zu schaffen und ihre durch die Eifel führenden Heerstraßen ermöglichten die Ansiedlung aller möglicher Handwerker und Händler. Da gab es auch für uns Eifeler endlich beruflich eine Alternative zur bescheidenen Landwirtschaft.

▼ Weite Feldflur mit gepflügtem Acker zwischen Kalenborn-Scheuern und Oos (Vulkaneifel) nordwestlich von Gerolstein

Open fields with ploughed soil between Kalenborn-Scheuern and Oos (Volcanic Eifel) northwest of Gerolstein

▶ „Was macht der denn hier?" scheinen sich diese beiden Kühe im Talkessel bei Kirchweiler (Vulkaneifel) bei Daun zu fragen. Kurz nach Sonnenuntergang hat sich hier eine eigenartige Lichtstimmung ausgebreitet.

'What's he doing here?' is what these two cows in the basin near Kirchweiler (Volcanic Eifel) and Daun seem to be asking themselves. Shortly after sunrise, a peculiar light has spread here.

▼ Der Kraterkessel des Trockenmaares „Duppacher Weiher" ist eine ideale Weide für Rinder aus dem nahen Ort Duppach (Vulkaneifel) westlich von Hillesheim.

The 'Duppacher Weiher' dry maar's volcanic cauldron is a perfect meadow for cattle from the nearby village Duppach (Volcanic Eifel) to the west of Hillesheim.

▲ Als ich dieses Foto schoss, führten noch Oberleitungen wie in Teilen des heutigen Südosteuropas von Heckhuscheid (Westeifel) bei Prüm bis nach Dackscheid an der belgischen Grenze.

At the time this picture was taken, overhead wires such as the ones common in some parts of South Eastern Europe today still ran from Heckuscheid (western Eifel) near Prüm to Dackscheid at the Belgian border.

Die westgermanischen Franken übernahmen ab 400 n. Chr. die Eifel, als die Römer abzogen. Das aus ihnen hervorgehende Herrschergeschlecht der Karolinger hatte ab 751 die Königswürde und brachte auch Karl den Großen hervor. Die Eifel war zu jener Zeit weithin zum größten Teil von Laubwäldern bedeckt, in die die Bauern ihre Schweine trieben. Diese wühlten sich durch den Boden der weiten Buchen- und Eichenwälder, die ihnen je nach Jahreszeit reichlich Bucheckern und Eicheln bescherten.

Ab etwa 1100 wurden die Felder in der sogenannten Dreifelderwirtschaft bestellt. Das bedeutete, dass eine Fläche zunächst ein Jahr brach lag und nicht bewirtschaftet wurde. Was auf natürliche Weise wuchs, wurde dem Weidevieh überlassen. Nach dem Umpflügen im Herbst wurde ein Wintergetreide ausgesät. Das war winterhart und konnte im nächsten Sommer geerntet werden. Nach weiterem Pflügen und Bearbeiten wurde im folgenden Frühjahr ein Sommergetreide gesät, das im Spätsommer geerntet wurde. Bis zum Herbst des wiederum darauf folgenden Jahres überließ man die Fläche wieder der Selbstbegrünung. Dann ging es erneut von vorne los.

Da es im 11. und 12. Jahrhundert kaum größere kriegerische Auseinandersetzungen gab, soll es auch in der Eifel der Landbevölkerung relativ gut gegangen sein. Was auch dazu führte, dass sich ihre Zahl so vergrößerte, dass die Gewinnung neuer landwirtschaftlicher Flächen nötig wurde. Folglich wurde Wald gerodet, waldfreies ungenutztes Land kultiviert, und es entstanden neue Dörfer. Auch die Zahl der Burgen nahm zu.

Als im 13. und 14. Jahrhundert Geld allmählich den Tauschhandel ablöste, nahm der Handel Aufschwung. Die Schweinezucht verlor an Bedeutung, während die Schafzucht zunahm. Weil Wollpullover zunehmend in Mode kamen. Was ein gutes Beispiel ist für eine gewisse bedächtige Langsamkeit bei Entwicklungen in der Eifel. Denn die Wikinger sollen Trier schon 882 erobert und zerstört haben. Als sie abzogen, ließ wohl einer versehentlich seinen Norweger-Pulli liegen. Aber erst vierhundert Jahre später wurde das „moderne" Zickzack-Muster mit den Schneesternen bei uns in der Eifel übernommen. Ich sagte doch: Manches dauert bei uns „etwas" länger. Aber wir können damit leben.

In diese Zeit, Mitte des 14. Jahrhunderts, fiel die erste entsetzliche Pestepidemie, die mit geschätzten 25 Millionen Toten etwa ein Drittel der damaligen europäischen Bevölkerung dahinraffte. Auch die Eifel wurde nicht verschont. Laut der Münstereifeler Chronik raffte sie schließlich um das Jahr 1451 die gesamte Bevölkerung des Ortes hinweg. Aber als ob solche Katastrophen nicht genug wären: Der Mensch denkt sich bekanntlich immer auch noch eigene aus. Wie den dreißigjährigen Krieg von 1618 bis 1648, dem aber auch noch weitere Kriege folgten. Viele Eifeldörfer wurden zerstört und viele Menschen verloren ihr Leben. Aber noch mal einen Blick zurück: 1567 sollen drei Fässer mit Zitronen, Orangen und Kartoffeln nach Antwerpen gelangt sein. Das war wohl der Zeitpunkt, als die südamerikanische Knolle auch in unseren Breiten ihren Siegeszug antrat. Ab 1647 wurde sie in Deutschland erstmals in Oberfranken angebaut. Nur wir Eifeler, nun ja, wir waren natürlich wieder einmal skeptisch. Erst als wir nach Jahren mit vorsichtigen Versuchen als Tierfutter merkten, dass unser Vieh immer noch nicht an der krummen Knolle verendet war, begannen wir selbst mit ihrem Verzehr. Sogar die Österreicher waren schneller als wir, denn 1621 war in Linz ein Kochbuch mit Kartoffelrezepten erschienen.

Im Laufe der vergangenen Jahrhunderte hatte die Eifel allmählich eine zunehmende Veränderung ihrer Oberflächengestalt erfahren. Der Bedarf an Grubenholz für Bergwerke und Holzkohle für die Verhüttung von Metallen sowie für Brenn- und Bauholz führte einhergehend mit Brandrodungen zu einer fast vollständigen Abholzung des Waldes. Jedes Dorf soll bis zu 600 Schafe gehabt haben, die über die kahlen Wiesen- und Heideflächen zogen. Selbst der berühmteste Eifelmaler Fritz von Wille, der von 1860 bis 1941 deutlich später lebte, hielt in seinen Bildern noch diese kahlen und von Ginster bewachsenen Hochflächen

▲ Dass es „Strohmänner" gibt, war mir bekannt. Aber dass es auch „Strohhunde" gibt, weiß ich erst seit einem Besuch im Freilichtmuseum Kommern (Nordeifel), wo ich diesen hübschen Kerl während eines Erntedankfestes an mir vorüberfahren sah.

I knew of the existence of 'straw men', but only learned about 'straw dogs' at my visit to the outdoor museum Kommern (northern Eifel) where this lovely chap passed me during a harvest festival.

▲ Diese zarte Schweine-Dame mit rund 180 kg gehört zur Rasse des sogenannten Deutschen Weideschweins. Die Rasse starb in den 1970er Jahren aus und wurde im Freilichtmuseum Kommern auch durch Einkreuzen von Wildschweinen rückgezüchtet. Typisch sind u.a. die schwarz-weiße Färbung, dichtes Borstenkleid und kleine aufrechte Ohren.

With her 180 kg, this delicate lady is a Deutsche Weideschwein (German Pasture Pig). The breed became extinct in the 1970s and was revived in the outdoor museum Kommern also by hybridisation of wild boars. Typical features include the black and white colouring, dense bristle structure and small, erect ears.

◄ Im Freilichtmuseum Kommern vermitteln viele alte Häuser und Gehöfte ein Gefühl für das Leben und Wohnen in früherer Zeit. Und am Eifelbauernhof laufen auch noch Hühner frei herum und Kinder können sie ganz nah erleben und mit Getreidekörnern füttern – was für mich als Kind noch selbstverständlich war am Haus meiner Großeltern in Masburg.

In the outdoor museum Kommern, old houses and farmsteads provide an impression of life and habitation of days gone by. At this Eifel farm, chickens are running freely and children can experience them close-up and feed them cereal, a given during my childhood at my grandparents' in Masburg.

fest. Mein Großvater väterlicherseits hatte in Kaisersesch einen Wille-Druck an der Wand hängen mit den beinahe kahlen Hängen des Weinfelder Maares mit der Kapelle. Das erste Gemälde überhaupt in meinem Leben, das ich kennengelernt und bewusst wahrgenommen habe. Nicht kennengelernt habe ich leider Vaters Mutter. Maria Eva Scholzen aus Dockweiler starb 1949 an einer Lungenentzündung. Ihr Vater soll die erste Lok über den Dauner Eisenbahnviadukt gefahren haben.

Obwohl es Ende des 18. Jahrhunderts in ganz Frankreich kaum einen vernünftigen Reiseführer über die Eifel gab, fanden uns 1794 die französischen Truppen und ab 1802 waren wir Teil Frankreichs. Dass Französisch Amtssprache wurde, änderte nicht viel. Uns hatten Nichteifeler auch früher schon nicht verstanden.

Mit dem politischen Ende Napoleons fielen wir 1815 wieder an Preußen. Und das arme Bauernland mit den spärlichen Erträgen erfuhr in den folgenden Jahrzehnten wieder dramatische Zeiten. Vor allem in den Jahren 1816/17 und 1847 herrschten schlimme Hungersnöte. Wie wenig die Landwirtschaft die Eifelmenschen damals ernähren konnte und wie katastrophal die Lage war, zeigte sich unter anderem auch daran, dass 1852 nur etwa 10% der jungen Männer überhaupt in der Verfassung waren, Soldat zu werden. Nach dem besonders schlimmen Hungerwinter 1879/80 kam es im Reich sogar zu einer Hilfsaktion in Form eines „Eifelfonds" in Millionenhöhe.

Von solchen Zuständen hat sich die Eifel inzwischen zum Glück weit entfernt. Vor allem die niedrig gelegenen Regionen der Osteifel mit dem Maifeld und der Pellenz sowie das Plateau zwischen Trier und Bitburg wurden relativ ertragreiche Gebiete. Aber die Gesamtsituation der Landwirtschaft hat mich jetzt genauer interessiert. Da der größte Teil der Eifel zu Rheinland-Pfalz gehört, habe ich ein paar Zahlen aus der Statistik dieses Landes entnommen: 1949 gab es dort noch 211.017 landwirtschaftliche Betriebe. 2010 waren davon noch 20.564 übrig, also gerade mal rund 10 %. Interessanterweise hat sich trotzdem die genutzte Fläche nur um rund 20 % von 887.970 ha auf 705.223 ha reduziert. Dafür gab es nach dem Krieg nur 3 Großbetriebe mit mehr als 200 ha. 2010 waren es 356 Betriebe. Was die Viehhaltung angeht, so ist beispielsweise im Landkreis Vulkaneifel zwischen 1950 bis 1979 kein Pferd verzeichnet. 1950 wurden dort allerdings 17.305 Milchkühe gezählt, 2007 noch 12.173. In derselben Zeit ging die Zahl der Schweine von 23.340 auf 3.730 zurück. Noch eine Zahl zum Schluss: Von 1999 bis 2010 stieg die Zahl der ökologisch wirtschaftenden Betriebe von 1% auf 4%.

Das alles sagt uns, dass sich die Landwirtschaft weiterhin in einem Wandlungs-Prozess befindet. Sie bringt uns nicht nur Nahrung, sondern hält auch die Landschaft offen, die ansonsten wieder nach und nach zum Buschland und dann zum Waldland würde. Aber für mein Auge sind zum Beispiel die 42% Landwirtschaftsfläche im Kreis Vulkaneifel eine sehr schöne Dosis. Für mein Auge und für meine Kamera.

◀ Auf den weiten Weideflächen rund um Hürtgen im Kreis Düren (Nordeifel) sieht man sehr viele Pferde. Der Ort selbst verlor bei einer Brandkatastrophe im Jahre 1903 fast seinen kompletten Ortskern mit Kirche und Schule.

A great amount of horses can be spotted on the vast grassland around Hürtgen in the Düren district (northern Eifel). The town itself lost almost its entire centre including the local church and school during a fire disaster in 1903.

▷ Im unteren Ahrtal führt der 35 km lange Rotweinwanderweg, hier bei Dernau (Ahreifel), meist auf halber Höhe durch die Weinbergterrassen von Altenahr bis Bad Bodendorf. Er ermöglicht wunderbare Ausblicke ins Tal des kleinen Lachsflusses Ahr und manchmal auch Einblicke in die Arbeit der Winzer.

The 35 km long Rotweinwanderweg (Red Wine Hiking Trail) in the lower Ahr Valley, here near Dernau (Ahr Eifel), often runs at half height through the vineyard terraces from Altenahr to Bad Bodendorf. It allows wonderful views into the small salmon river Ahr's valley and sometimes even insight into a winemaker's work.

▷ Die Älteste Weingenossenschaft der Welt wurde 1868 in Mayschoß (Ahreifel) gegründet. Die 400 Mitglieder produzieren auf rund 140 ha Anbaufläche jährlich etwa 1,3 Millionen Flaschen. In diesem Gewölbe liegt ein Teil der rund 1,9 Millionen Liter Gesamtmenge in Fässern mit Kapazitäten von 225 Liter bis 1800 Liter.

The world's oldest wine co-operation was founded in Mayschoß (Ahr Eifel) in 1868. The 400 members produce around 1.3 million bottles a year on acreage of roughly 140 ha. In this vault one part of the total of 1.9 million litres is stored in barrels of 225 to 1800 litres capacity.

▽ Wahrscheinlich haben schon die Römer im Ahrtal Wein angebaut. Urkundlich nachgewiesen ist es seit 893 in einem Verzeichnis der Abtei Prüm über ihre Besitztümer und Abgaben auch im Ahrtal. Heute ist das untere Ahrtal das größte zusammenhängende Rotwein-Anbaugebiet in Deutschland, in dem die roten Trauben mit etwa 86 % Anteil dominieren.

The cultivation of wine in the Ahr Valley probably already started with the Romans. Since 893 it is documented by the Prüm Abbey in a register on their properties and charges including the Ahr Valley. Nowadays the lower Ahr Valley is the largest continuous red vine-growing area in Germany with red grapes standing out at a quota of 86%.

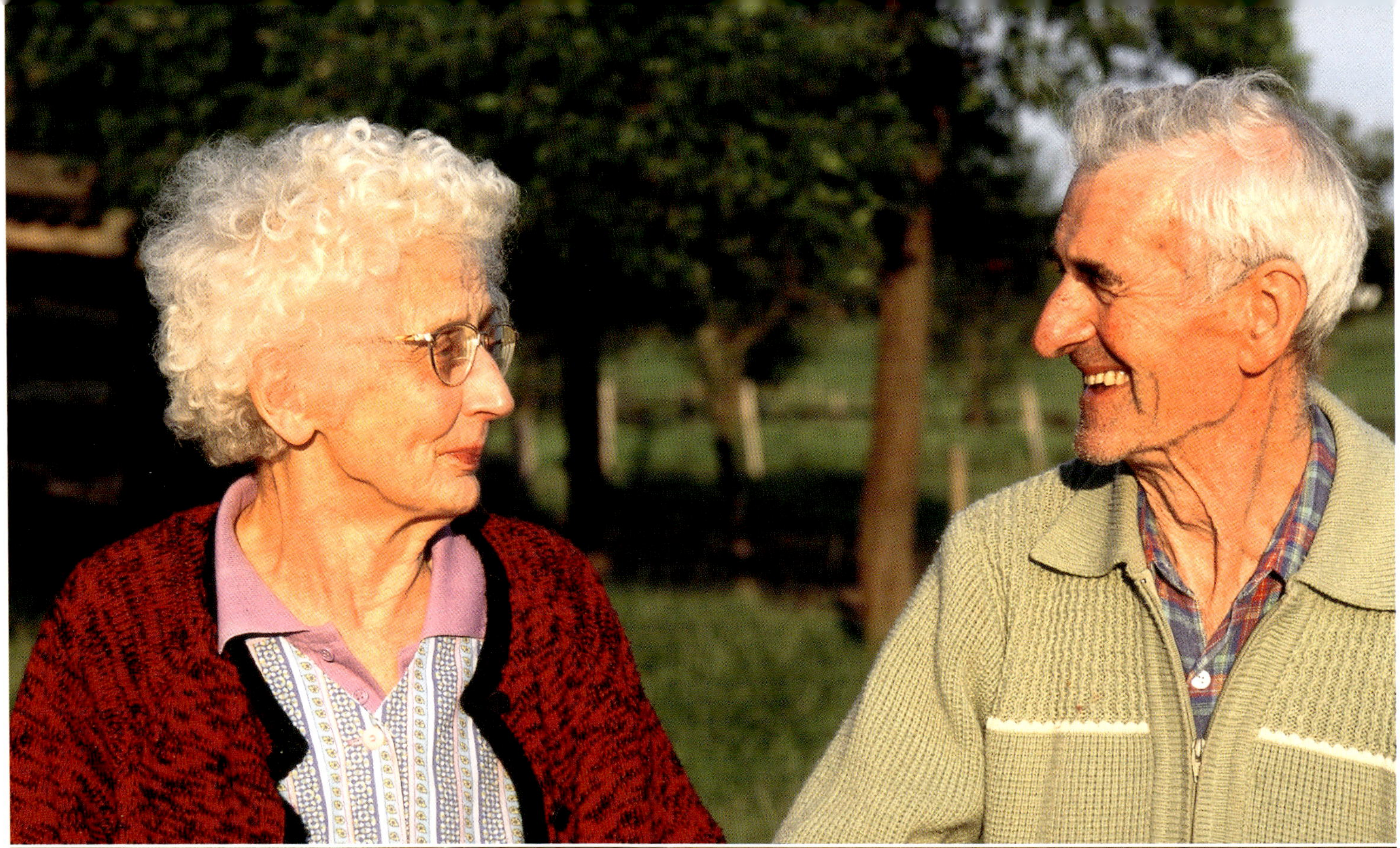
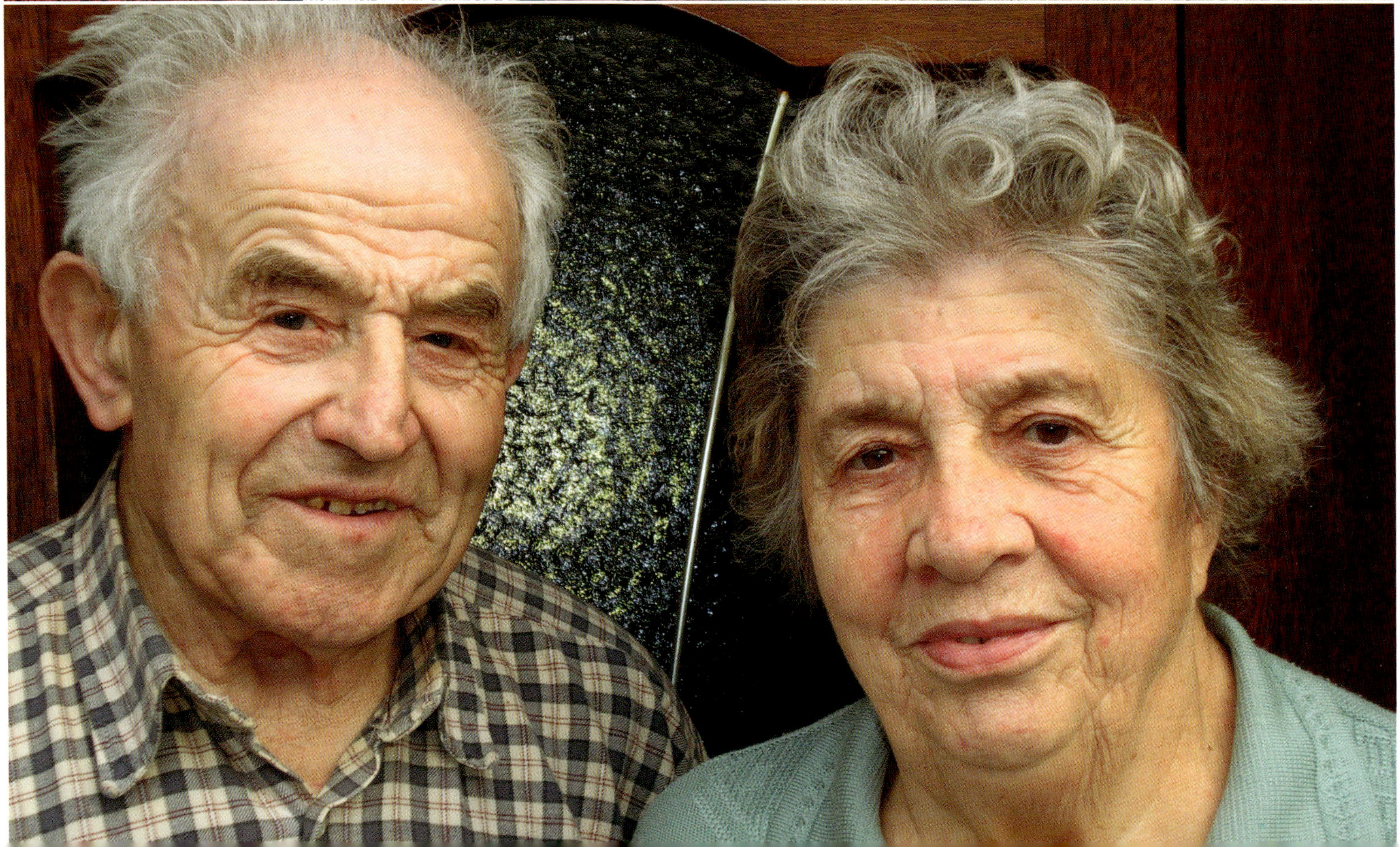

◄◄ Ein altes Paar aus Heckhuscheid (Westeifel). Ich fand es rührend, wie er seiner Frau ein so offenes und glückliches Lachen schenkte, während sie angesichts der Kamera etwas ernster blieb.

An elderly couple from Heckhuscheid (western Eifel). I was touched at the friendly smile he gave his wife who remained more composed in the face of the camera.

◄ Auch dieser 13-Jährige aus Ellscheid bei Gillenfeld (Vulkaneifel) schaut eher skeptisch in die Kamera.

This thirteen year old from Ellscheid near Gillenfeld (Volcanic Eifel) is looking into the camera rather quizzically.

▶ Ein Winzer aus Mayschoß (Ahreifel) beendet mit einer letzten 40 kg-Kiepe voller Trauben seinen Arbeitstag. Er hat weißen Riesling angebaut, der an der Ahr 2010 nur einen Anteil von 8 % an der Gesamtanbaufläche von etwas über 540 ha hat.

A winemaker from Mayschoß (Ahr Eifel) ends his day of work with a last 40 kg pannier full of grapes. He has cultivated White Riesling which only made up 8% of the total Ahr acreage of 540 ha in 2010.

▶▶ Auch wenn es keine große Landwirtschaft ist: Manche Menschen bauen noch in ihrem Garten Gemüse an für den Eigenbedarf, wie diese Frau aus Kommern (Nordeifel) mit ihren Kürbissen und Tomatensträuchern.

Even if it isn't agriculture on a grand scale: Just like this woman from Kommern (northern Eifel) with her pumpkins and tomato vines, some people grow vegetables for their own use in the garden.

◄◄ Dieses Paar aus Neunkirchen bei Daun (Vulkaneifel) ist schon seit 61 Jahren verheiratet. Zusammen bringen sie es auf 174 Jahre. Das ist auch insofern ungewöhnlich, weil 87 jährige Frauen nicht selten längst Witwe sind.

This couple from Neunkirchen near Daun (Volcanic Eifel) has been married for 61 years. Together, they reach 174 years of age. This is also quite extraordinary as women are rather often widows by the age of 87.

◄ Sie und ihr Mann hatten ganz lange einen wunderbaren Tante-Emma-Laden in Heckhuscheid ((Westeifel) bei Prüm.

For a long time, she and her husband owned a lovely small corner shop in Heckhuscheid (western Eifel) near Prüm.

▶ Ein Gesicht der Eifel aus Daun (Vulkaneifel): Mit Mitte zwanzig hat diese junge Frau noch das „unbelastete" und von Falten freie Gesicht der Jugend.

An Eifel portrait from Daun (Volcanic Eifel): In her mid-twenties, this young woman has still got the 'unspoilt' and unlined face of youth.

▶▶ Die Altenahrer Weinkönigin 2011 Katharina Reinisch rechts und ihre Prinzessin Charleen Louisa Hürtgen traf ich zufällig auf der Straße in Altenahr (Ahreifel), als sie schnell von einem Termin zum nächsten huschen wollten. Aber sie ließen sich zu einem winzigen Päuschen für ein Foto überreden.

I happened to meet Katharina Reinisch, the Altenahr wine queen of 2011 to the right and her princess Charleen Louisa Hürtgen on the street in Altenahr (Ahr Eifel) as they were rushing from one event to the next. They agreed to a small break for a photo.

Hier bei Heckhuscheid (Westeifel) wurden die Strohballen noch von Hand auf den Anhänger verladen. Und zwar viele. Mir taten die Schultern schon vom Zusehen weh.

*Out here, near Heckhuscheid (western Eifel), the bales of straw have been loaded on the trailer by
hand. In fact, loads of them. My shoulders even hurt from watching on the sidelines.*

Agriculture humans and animals

Historians believe that the first beginnings of agriculture fall on the same date as the start of the New Stone Age at circa 11000 BC. The first traces of agrarian activity can be found in the eastern Mediterranean and Mesopotamia while in Central Europe farming only began around 5500 BC.

Unsurprisingly, as with anything, we Eiflers took a little longer than others. Suspicious of anything new, we will carefully watch the novelties for a while. A long while.

Of course, it wasn't quite as easy for us as it had been for the Egyptians. The Nile would provide fertile soil after its floods, the Kyll or the Ahr would only rearrange the rocks with theirs. And that's not the only significant difference, as there weren't only rocks in the valleys but just as well on the Eifel's barren plateaus. To make matters worse, there was forest everywhere, beeches and more beeches and more beeches and some oaks as far as the eye could see. Now, before you shrug and accuse us of lacking zeal, try and root out an old beech with a diameter of fifty centimetres by hand, let alone a 500 year old oak with a diameter of two metres. Even without a diploma, the Neanderthals were clever enough to put that idea aside, and there was no Stihl Company back in the day. And so people kept gathering boars and hunting mushrooms.

It was only around 4000 to 2000 BC that the Eifel fringe saw some settlement, and it is believed that around 2500 BC wheat, barley and millet entered the Eifel along with the milling of flour, all to a limited extent. The barren soil of the plateaus never was and never became agricultural dreamland until today.

As mentioned in the chapter about settlement, more changes took place in the Eifel about two thousand years ago. The Romans had finally managed to create the Porta Nigra at the Moselle and their military roads going through the Eifel facilitated the settlement of various craftsmen and merchants. Finally, there was a professional alternative to agriculture.

When the Romans left around 400 AD, the West Germanic Franks took over, the origin of the Carolingian dynasty which obtained regality in 751 and produced Charlemagne. Around that time, the Eifel was largely covered with deciduous forest within which the farmers would let their pigs run freely to grub the ground for acorns and beechnuts.

Three-field rotation began around 1100, meaning that one field would lie idle for a year with no cultivation. Anything that grew naturally would be left for the grazing cattle before the ground was ploughed up in autumn to sow the winter crops. Being frost-resistant, it reaped in summer, and after further ploughing, summer crops sown in spring could be reaped in late summer before the field was left idle again until the following autumn when the circle would start anew.

With an increase in population in the 11th and 12th century due to only very few considerable armed conflicts, a need for more farmland arose. Woodland was cleared, non-wooded land was cultivated and villages as well as castles sprang up.

In the 13th and 14th century, money began to replace barter and trade saw an immense boost. Pig farming lost its importance while sheep breeding increased significantly as wool pullovers came into fashion. This is another good example for the thoughtful slowness regarding progress, that is particular to the Eifel. After all the Vikings are supposed to have conquered and destroyed Trier in 882 already, possibly leaving a Norwegian pullover when they left, yet it took the Eiflers four hundred years to adapt it. As I said: Things take a long time at our place, but we're fine with that.

In the middle of the 14th century the first terrible plague epidemic carried off 25 million victims, about a third of the European population of that time. The Eifel wasn't spared. According to the Bad Münstereifel Chronicle the town's entire population was wiped out. And as if those catastrophes weren't enough, humans notoriously invent their own, such as the Thirty Years' War between 1618 and 1648 followed by further wars during which a lot of Eifel villages were destroyed and many people lost their lives. Going back a bit again, though: Apparently, in 1567 three barrels with lemons, oranges and potatoes reached Antwerp. It must have been around that time that the South American tuber started its triumph in our climes, and in 1647 it was first grown in Upper Franconia. We Eifler, though, were a little wary again. Only when realising that, after years of careful attempts in fodder, our cattle still hadn't perished, it was considered edible. Even the Austrians were ahead of us with a potato cookbook being published in Linz in 1621.

In previous centuries, the Eifel gradually experienced a change to the form of its surface. The demand for timber and firewood and for pit props and charcoal for the smelting of metals as well as slash-and-burn land clearances almost led to complete deforestation. Every village is said to have had up to 600 sheep that travelled over stark meadows and heath. Those bleak plateaus full of gorse were captured by the most famous Eifel painter, Fritz von Wille, even though he lived in a much later period from 1860 to 1941. My paternal grandfather had a Wille print in Kaiseresch displaying the bare slopes of the Weinfelder Maar and the chapel. It was the first painting I was introduced to and apperceived. Sadly, I was never introduced to my father's mother, Maria-Eva Scholzen from Dockweiler, who died of pneumonia in 1949. Her father is supposed to have driven the first train across the railway viaduct in Daun.

Although there was no decent travel guide about the Eifel in France at the end of the 18th century we were discovered by French troops in 1794 and became part of France in 1802. French becoming the official language didn't change much, really. Non-Eiflers had never been able to understand us in the first place.

With Napoleon's political end in 1815, we were passed to Prussia again. This poor land of peasants with scanty harvests experienced dramatic times in the following decades as severe famines prevailed especially in 1816/17 and 1847. The agriculture's inability to provide for the Eifel population back then and the graveness of the situation is evident as only 10% of all young men were fit to enlist in 1852. After the particularly harsh winter of starvation in 1879/80, the empire even raised a fund for the Eifel that went into the millions.

Fortunately, the Eifel has come a long way since those hardships. Especially the lower regions of the eastern Eifel including the Maifeld and the Pellenz as well as the plateau between Trier and Bitburg have become fruitful areas. However, I now felt the urge to look at the general agricultural situation. As the largest part of the Eifel belongs to Rhineland-Palatinate, I took some of the numbers from those statistics: In 1949 there were still 211,017 agricultural enterprises, in 2010 only about 10% (20,564) remained. Interestingly, the agricultural land only decreased by 20% from 887,970 ha to 705,223 ha. On the other hand, there were only three intensive farms of more than 200 ha of land after the war, while in 2010 there were 356. As for livestock, not a single horse was registered in the Volcanic Eifel between 1950 and 1979, however they counted 17,305 milk cows in 1950 and 12,173 in 2007. In the same space of time, the amount of pigs plummeted from 23,340 to 3,730. One final statistic: Between 1999 and 2010, the number of organic farms increased from 1% to 4%.

All of this tells us that agriculture is still in a process of change. It doesn't only provide for us but keeps the landscape from turning back into scrubland and, eventually, woodland. However, for my eye, the 42% of agricultural land for instance that can be found in the Volcanic Eifel are a nice dose. For my eye and for my camera.

▲ Heuernte bei Hünerbach (Hocheifel) nahe Kelberg: Von der Pressmaschine wird ein Heuquader durch einen Gittertunnel zum Anhänger gedrückt. Hier packt ihn die Bäuerin und zieht ihn mit einem Schwung nach hinten auf die Ladefläche. Keine Arbeit für eine Barbie.

Haymaking near Hünerbach (High Eifel) close to Kelberg: A bale of hay is pushed through the wired tunnel to the trailer. Here, the farmwoman pulls it on the loading area, certainly not a task for Barbies.

▶ Dieser Bauer aus Niederscheidweiler (Vulkaneifel) östlich von Manderscheid arbeitete ausschließlich mit seinen Kaltblutpferden und verzichtete auf die Anschaffung eines Traktors.

This farmer from Niederscheidweiler (Volcanic Eifel) east of Manderscheid worked exclusively with his heavy horses and refrained from purchasing a tractor.

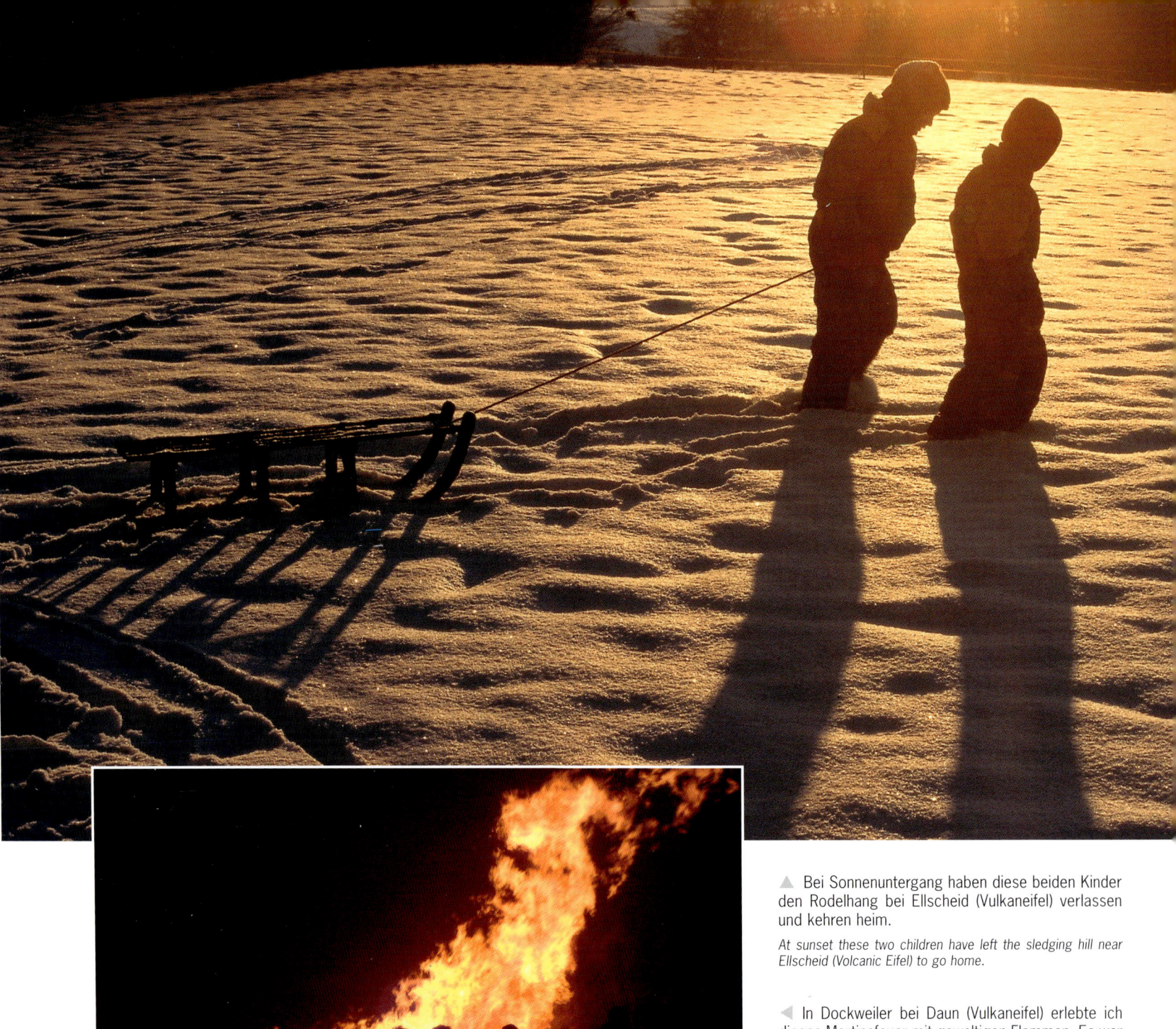

▲ Bei Sonnenuntergang haben diese beiden Kinder den Rodelhang bei Ellscheid (Vulkaneifel) verlassen und kehren heim.

At sunset these two children have left the sledging hill near Ellscheid (Volcanic Eifel) to go home.

◄ In Dockweiler bei Daun (Vulkaneifel) erlebte ich dieses Martinsfeuer mit gewaltigen Flammen. Es war das größte Feuer, das ich bis dahin gesehen hatte.

I witnessed this tremendous St Martin Bonfire in Dockweiler near Daun (Volcanic Eifel), the biggest fire I had seen thus far.

► Ein skeptischer Blick eines kleinen in Prüm (West-eifel) geborenen Jungen

A small Prüm-born boy's sceptical look (western Eifel)

Die über 50 Meter hohen Doppeltürme der Pfarrkirche St. Stephan sind das Wahrzeichen der Stadt Polch (Osteifel) südlich von Mayen. Die Kirche wurde um 1850 im neoromanischen Stil erbaut und ist im sanft gewellten Hügelland des Maifeldes weithin sichtbar.

In Polch (eastern Eifel), south of Mayen, the St Stephan parish church's double towers of 50 metres are the town's landmark. The conspicuous church, situated in the softly rolling Maifeld hills, was built around 1850 in the neo-Romanesque style.

Städte
Dörfer
Lebensräume

Die ersten Menschen, deren Anwesenheit in der Eifel nachgewiesen werden konnte, waren die Neandertaler. Die stammten ja bekanntlich aus der Nähe von Düsseldorf. Wenn am Wochenende die Bärenfellhändler auf der Königsallee geschlossen hatten, kamen sie an den freien Sonntagen gelegentlich zum Pilze sammeln auch bis in die Eifel. Rund 80.000 Jahre alte Faustkeile und Feuerstellen von ihrem Picknick in der Kakushöhle bei Eiserfey im Kreis Euskirchen sind erhaltene Zeugnisse dieser Ausflüge.

Höhlen waren überhaupt beliebte Treffpunkte oder auch Wohnplätze. Vor allem zu jenen Zeiten, als selbstgebastelte Laubhütten noch nicht säbelzahntigersicher waren. Oder während der Perioden der kühlen Eiszeiten, als die Fertigung von Funktionsunterwäsche noch in den Anfängen steckte. Natürlich ist es nicht verwunderlich, dass wir kaum Siedlungsspuren finden aus Zeiten, da die damaligen Menschen irgendwo im Wald vielleicht eine hölzerne Behausung bewohnten oder ein mit Tierhäuten bespanntes „Zelt".

Das konnte die Jahrtausende nicht überstehen und verrottete. Umso mehr erwiesen sich solche Höhlen als Spurenübermittler aus grauer Vorzeit. Auch in der Buchenlochhöhle bei Gerolstein fand sich eine ca. 30.000 Jahre alte Spur eines Cro-Magnon-Menschen. Der gilt als der „modernere" Mensch, der schließlich den Platz des Neandertalers einnahm, der ausstarb. Was aber nicht an den Eifelpilzen lag.

Die Menschen damals müssen jedenfalls ziemlich hart im Nehmen gewesen sein. Auch was ihre Ansprüche an ihre Wohnsituation anging, selbst wenn es sich um etwas Besseres als eine Höhle handelte. Wer es verstanden hatte, durch geschickte Verhandlungen den Vorbesitzer einer der wenigen Höhlen zum Auszug zu veranlassen, einen Höhlenbären zum Beispiel, der hatte es zwar über das ganze Jahr hin ziemlich trocken bei einer verhältnismäßig gleichbleibenden Temperatursituation. Aber auf sehr niedrigem Niveau. Vermutlich war ja auch damals

▲ Die kleine Stadt Kaisersesch (Moseleifel) im Norden des Landkreises Cochem erhielt erstmals 1321 Stadtrechte, verlor diese aber wieder während der französischen Herrschaft Anfang des 19. Jahrhunderts. Erst im November 1997 erhielt sie die Stadtrechte erneut. Hier wurde 1931 mein Vater Hermann Josef als Sohn von Maria Eva und Eduard Sittig geboren.

The small town of Kaisersesch (Moselle Eifel) in the north of the district of Cochem received its town privilege in 1321 but lost it again in the early 19th century under French rule. It was only re-distributed in November 1997. My father Hermann Josef was born here as the son of Maria Eva and Eduard Sittig in 1931.

▶ Das durch seine in früheren Zeiten aus Draht gefertigten Mausefallen und andere Drahtprodukte bekannt gewordene Dorf Neroth (Vulkaneifel) südlich von Gerolstein gab dem vulkanischen Schlackenkegel „Nerother Kopf" hinten links seinen Namen. Im Dorf selbst gibt es auch ein Mausefallenmuseum.

Renowned in earlier days for its wire-wrought mousetraps and other items, the village of Neroth (Volcanic Eifel) south of Gerolstein served as the name-giver for the volcanic cinder cone 'Nerother Kopf' (Neroth Head) in the background to the left. There also is a mousetrap museum in town.

schon der Einbau von Duschen in Höhlen aus Gründen des Naturdenkmalschutzes untersagt.

In der erwähnten Kakushöhle konnten vielleicht bis zu einhundert Menschen Schutz finden. Aber die kriegten das Ding nicht ordentlich geheizt. Die Höhlendecke ist meterhoch und je nach Wetterlage zieht es da auch heute noch wie Hechtsuppe durch die vier Höhlenöffnungen. Aber es ist ein beeindruckender Ort mit einer spannenden Atmosphäre. Vor allem, wenn man diese Höhle für einen Moment mit den Augen eines schutzsuchenden Frühmenschen betrachtet. Oder mit den Augen eines Homo sapiens mit Kamera. Aber bleiben wir noch etwas in der Besiedlungsgeschichte.

Ein paar zehntausend Jahre nach der Steinzeit mit den Neandertalern und den „Grong Mangjongs", wie die Kölner sie liebevoll nannten,

kamen die Kelten etwa um 600 v. Chr. in die Eifelregion. Wahrscheinlich kriegten sie irgendwann Stress mit den von Nordosten kommenden Germanen und bauten Fliehburgen mit Steinwällen. Deren Reste finden sich noch immer an verschiedenen Stellen in der Eifel, etwa auf der Basaltkuppe der Steineberger Ley bei Steineberg südöstlich von Daun. Diese Zeit, die sogenannte „Eisenzeit", hinterließ auch eine interessante Kultur-Spur mitten in der Eifel: Schon im 5. Jahrhundert v. Ch. soll es die nach heutigen Erkenntnissen erste Anlage zur Eisenverhüttung und -verarbeitung nördlich der Alpen gegeben haben, nämlich in Hillesheim. Die Männer hatten es ja damals auch satt, immer nur mit Holzkeulen aufeinander loszugehen. Ein schicker Speer oder ein Pfeil mit Eisenspitze schaffte ganz neue Diskussionsgrundlagen.

Bautechnisch allerdings brachten erst die Römer endlich „Modernität" zumindest *an* die Eifel. Denn die konnten nicht nur schwarze Tore in Stein aufstellen. Sie wohnten sogar in gemauerten Steinhäusern, mit Steinen aus Eifeler Kalksteinbrüchen. Steine nutzten sie aber auch für den Bau der ersten Eifelstraßen. So etwa auf der Strecke von „Augusta Treverorum" (Trier) bis hinauf nach „Colonia Claudia Ara Agrippinensium" (Köln). Köln war die Hauptstadt der römischen Provinz „Germania inferior", also von „Niedergermanien".

Die 147 km lange Verbindungsstraße führte natürlich hinter Trier zunächst einmal nach „Beda vicus" und direkt an der Bitburger Brauerei vorbei. Wahrscheinlich hatten viele der hohen Offiziere das ewige Weintrinken satt und wollten mal was Herzhafteres. Bitburg hatte allerdings auch noch eine andere Bedeutung: In der Nähe gab es eine wichtige Schmelze, in der die Römer Eisen zu Waffen und Gerätschaften verarbeiteten. Neben Eisen waren aber auch Blei, Kalk und Stein als Bodenschätze der Eifel gefragt. Doch auch Galmei bzw. Smithonit, wie es heute heißt, das zusammen mit Kupfer und Zink für die Herstellung von Messing gebraucht wurde.

Diese Rohstoffe und der Handel entlang der Römerstraßen und anderen Wegen wie etwa von Confluentia (Koblenz) über Mayen nach Hil-

▼ Nördlich von Bitburg liegt der kleine Ort Malberg (Südeifel) an einer Schleife des Flüsschens Kyll. Das Dorf wurde erstmals 893 in einem Güterverzeichnis der Abtei Prüm erwähnt. Überragt wird es von einem Hügel mit dem Schloss Malberg, das mit seinem ersten Gebäude auf das Jahr 1597 zurückgeht.

North of Bitburg, the small town of Malberg (southern Eifel) is located at a loop of the river Kyll. The village was first mentioned in the Abbey Prüm's record of property in 893. Towering above it on a hilltop is Malberg Castle the first building of which dates back to 1597.

Mit rund 6500 Einwohnern ist Bernkastel-Kues eine der größten Städte der Mittelmosel, die 1905 durch den Zusammenschluss des am linken Ufer liegenden Teil Kues mit Bernkastel auf der rechten Moselseite entstand. Der Marktplatz in Bernkastel zählt zu den schönsten mittelalterlichen Plätzen an der gesamten Mosel.

With a population of roughly 6500 and formed through the fusion of Kues on the left banks with Bernkastel on the right side of the river in 1905, Bernkastel-Kues is one of the Middle Moselle's biggest towns. The market place in Bernkastel is one of the most beautiful medieval squares along the entire Moselle.

▲ Dieser Blick aus Norden auf Mayen (Osteifel) fasst die drei markantesten Sehenswürdigkeiten der Stadt zu einem schönen Ensemble zusammen: Links die Herz-Jesu-Kirche, rechts die Genovevaburg und vorne die Kirche St. Clemens. Ihr schiefer gedrehter Turm rührt der Sage nach daher, dass der Teufel wutentbrannt am ihm gezerrt haben soll.

Mayen's three most prominent sights are combined into a lovely ensemble in this view from the north: The Church of the Sacred Heart to the left, Genoveva Castle to the right and the St Clemens church at the front (eastern Eifel). According to a myth, the tower's crooked twist is a result of the devil trying to wrench it.

◀ Die Genovevaburg mit dem markanten 34 m hohen Goloturm ist das Wahrzeichen der Stadt Mayen und wurde wohl um das Jahr 1280 erbaut. In ihrer wechselvollen Geschichte fiel sie zweimal dem Feuer zum Opfer: 1689 durch französische Truppen und noch einmal im November 1902. Hinten rechts sieht man die Herz-Jesu-Kirche.

Built around 1280, Genovena Castle with its striking Golo Tower of 34 metres is Mayen's landmark. In its turbulent past it fell victim to fire twice: Through French troops in 1689 and again in the November of 1902. The Herz-Jesu-Kirche (Church of the Scared Heart) can be seen on the right.

▶ Im Zentrum der Stadt Daun (Vulkaneifel), nahe der Stadthalle „Dauner Forum", führt eine kleine Straße bergan und durch ein steinernes Tor auf den Dauner Burgberg. Im späten Abendlicht ist das ein besonders stimmungsvoller Weg hinauf zum ehemaligen Kurfürstlichen Amtshaus und zur kleinen evangelischen Kirche.

In Daun's town centre, near the civic hall 'Dauner Forum', a small road runs uphill through a stone gate to the Daun castle hill (Volcanic Eifel). In the twilight, the way up to the Electorate's ministry and the small evangelical church is particularly atmospheric.

▼ Ausgangspunkt der Besiedlung der heute rund 8000 Einwohner zählenden Kreisstadt Daun war wohl eine erste Befestigungsanlage, die schon die Kelten im 7. Jahrhundert v. Chr. auf dem Basaltügel hier vor uns errichtet haben sollen. 1712 wird das Kurtrierische Amtshaus auf dem Burgberg erbaut, das inzwischen ein Hotel ist.

An early Celtic fortification of the 7th century BC situated on the basalt hill in front of us is likely to have been the origin of settlement for the county town of Daun with a current population of around 8000. In 1712, the Electorate of Trier's ministry which has now been turned into a hotel was built on the castle hill.

lesheim, brachten neben der bescheidenen Landwirtschaft neue Berufe in die Eifel. Vor allem an den weiteren Stationen auf dem Weg nach Köln, die inzwischen Büdesheim, Jünkerath und Marmagen heißen.

Um aber noch einmal zum Stein zu kommen: Die Römer waren sehr hygienebewusst und liebten es zu baden. Um die Kölner Garnison mit frischem Eifelwasser zu versorgen, mauerten sie sogar eine siebenundneunzig Kilometer lange Wasserleitung von Nettersheim in der Nordeifel bis an den Rhein.

Doch trotz des guten Wassers blieben die Römer nicht für immer in der Eifel. Bevor sich in Deutschland schließlich das äußerst schmutzige Mittelalter mit seinen von Fäkalien stinkenden Gassen entwickelte, brachten sie sich um das Jahr 400 n. Chr. noch rechtzeitig in ihre Heimat in Sicherheit und überließen die Eifel den Franken.

Das war zumindest insofern völlig in Ordnung, als die Franken keine Steinhäuser mochten und die Fachwerkbauweise bevorzugten. Glücklicherweise wurde diese Bauweise noch Jahrhunderte weiter gepflegt. Was wären wir reiselustigen Menschen mit fotografischen Ambitionen ohne diese geschickte Verbauung von Holz, Lehm und Stroh, die uns noch heute die schönsten architektonischen Fotomotive schenkt. Die im Laufe der Zeit weiter verbesserten moderneren Versionen des Fachwerkbaus prägen noch immer viele wunderschöne Eifelorte zwischen Rur und Mosel. Monschau wurde erstmals 1198 erwähnt. Seine Blütezeit begann jedoch, als der aus dem bergischen Land zugezogene protestantische Pfarrersohn Johann Heinrich Scheibler im 18. Jahrhundert die Tuchproduktion in der Stadt verfeinerte und verbesserte und erfolgreich europaweit exportierte.

Rheinbach wurde erstmals im Jahr 762 erwähnt, als der fränkische König Pippin und seine Frau Bertrada der Abtei Prüm Ländereien im Umfeld der heutigen Stadt Rheinbach schenkten. Im Dorf Monreal westlich von Mayen fanden sich zwar Siedlungsspuren aus vorchristlicher Zeit. Beurkundet wurde „Cunisberch" (Königsberg) jedoch erst 1193. Die spätere Benennung auf Französisch blieb schließlich in einer verdeutschten Version erhalten. Dies nur als kleines Beispiel für die Anfänge von Eifelorten.

Leider war die Eifel in der Neuzeit auch Kriegsschauplatz mit sich immer wieder hin- und herbewegenden Frontlinien. Das hatte viele Zerstörungen zur Folge. Besonders schwer traf es zum Beispiel Prüm, das schon 1769 über 70 % seiner Häuser bei einem Brand verloren hatte. Am Ende des zweiten Weltkrieges war die Stadt sogar zu 80 % zerstört. Als am 15. Juli 1949 fünfhundert Tonnen Sprengstoff in einem Stollen des oberhalb der Stadt aufragenden Kalvarienberges explodierten, wurden noch einmal viele der wieder aufgebauten Häuser zerstört und 15 Menschen verloren ihr Leben. Die drohende Gefahr war glücklicherweise erkannt worden und die meisten Menschen konnten noch rechtzeitig evakuiert werden. Darunter auch die vielen Internatsschülern des Prümer Konviktes, zu denen mein Vater gehörte.

Was auch immer in früheren Jahren und Jahrhunderten geschah: Wenn sie wie ich gerne mal in der Eifel auf Aussichtspunkte auf Bergen oder auf Aussichtstürme steigen, dann sehen sie eine Mischung aus besiedelter Kulturlandschaft mit weiten Acker- und Grünflächen und viel Wald vor sich. Darin liegen meist unaufdringlich die meisten der Eifelgemeinden eingebettet. Für mein Auge ist das stets ein Bild von Harmonie. Denn diese so genannten Siedlungsflächen machen laut Statistik im Schnitt nur rund zwölf Prozent der Gesamtfläche aus. Dem stehen jedoch durchschnittlich rund 42 % Landwirtschaftsfläche und etwa 44 % Waldanteil gegenüber. Unsere Eifel wurde einst abschätzig „Preußisch-Sibirien" genannt. Und die Versetzung eines Beamten oder Offiziers aus dem Osten oder aus Berlin hierher wurde als Strafversetzung empfunden.

Doch längst ist die Eifel kein entlegenes und beinahe menschenleeres Mittelgebirge mehr unter einem geschlossenen Wald. Sie ist ein abwechslungsreicher und vielgestaltiger Lebens-, Kultur- und Naturraum, durch den zu reisen und den zu fotografieren mir immer wieder aufs Neue Spaß macht.

◄ Zwischen der katholischen Pfarrkirche St. Anna am Südhang des Kylltales im Vordergrund und dem 380 Mill. Jahre alten Korallenfelsen gegenüber auf der Nordseite liegt Gerolstein (Vulkaneifel), das auch dem berühmten Mineralwasser seinen Namen gab. Die Stadt liegt günstigerweise an der Eisenbahnstrecke Köln-Trier.

Gerolstein (Volcanic Eifel), the famous mineral water's name-giver, is situated between the catholic parish church St Anna on the Kyll Valley's southern slope in the foreground and the 380 million year old coral rock on the north face opposite. The town is conveniently located on the Cologne-Trier railway line.

▶ Rund um die Quelle der Ahr entand der Ort Blankenheim (Ahreifel), erstmals 721 in einer Urkunde des Klosters Prüm als „blancium" benannt. Burg Blankenheim rechts dient heute als Jugendherberge.

The town of Blankenheim (Ahr Eifel) formed around the Ahr's fountain and was first mentioned in one of Abbey Prüm's certificates in 721. Blankenheim Castle on the right has become a youth hostel.

Towns
villages
living space

The first proven human existence in the Eifel was the Neanderthal. As is well known, they came from an area near Düsseldorf. Sometimes, when the bearskin shop on the most prominent boulevard, the Königsallee, was closed on weekends, they would spend their free Sundays collecting mushrooms in the Eifel. Remains of these trips are circa 80,000 year old hand axes and fireplaces from their picnics in the Kakus Cave near Eiserfey in the Euskirchen district. Caves generally were popular meeting points as well as dwelling places. This was especially true in times when self-made huts out of foliage were not protected against sabre-toothed tigers, or in the periods of ice ages before the existence of waterproof fabric.

It is not exactly surprising that we can find barely any traces of these settlements from days when people were living in wooden dwellings or tents covered in animal skin. These materials were not built to withstand thousands of years and decomposed over time, which makes the caves all the more important as pre-historical evidence. In the Buchenloch Cave near Gerolstein, a 30,000 year old Cro-Magnon trace was discovered. They are regarded as the 'modern' humans who took the Neanderthals' place as they became extinct (which was not due to the Eifel mushrooms).

All in all, humans must have been very tough in those days, also in regards to their housing situation, even concerning something more comfortable than a cave. Whoever managed to convince the cave's former owner, for example a cave bear, to move house, was now able to enjoy the comfort of a dry cave without extreme changes in temperature. Naturally all at a very low standard. Perhaps landmark preservation already prohibited the installation of showers in caves. The previously mentioned Kakus Cave offered shelter for about one hundred people. Of course, they weren't quite able to heat the place. The ceiling is several metres high and depending on the weather the terrible draught from the four openings still exists today. Nonetheless it is an impressive place with an intriguing atmosphere, particularly through the eyes of an early man seeking shelter. Or through the eyes of a homo sapiens with his camera. But let's stick with the history of settlement for a bit.

A few tens of thousands of years after the Stone Age with its Neanderthals and the 'Grong Mangjongs' as the natives of Cologne call them lovingly, the Celts ar-

rived in the Eifel around 600 BC. They probably conflicted with the Germanic peoples coming from the north-east and started building refuge forts with stone walls. Their remains can still be found across the Eifel, for example on the Steineberger Ley's basalt summit near Steineberg to the south-east of Daun.

An interesting cultural trace has remained in the Eifel from this age, referred to as the 'Iron Age': The first facilities for iron smelting and processing north of the Alps are said to have existed in Hillesheim in the 5th century BC. Men were fed up with charging at each other with wooden clubs when a fancy spear or an iron arrow head created a completely new basis for disputes.

The Romans were eventually the ones who brought constructional modernity close to the Eifel. They accomplished far more than only putting up black stone gates; they lived in houses built from limestone which was cut in Eifel quarries. They also used stones to build the first Eifel roads, for example the route from 'Augusta Treverorum' (Trier) up to 'Colonia Claudia Ara Agrippinensium' (Cologne), which was the capital of the Roman province 'Germania Inferior'. Naturally, behind Trier, the connecting road of 147 km first led to 'Beda vicus' directly past the Bitburger brewery. Presumably, some officers were sick of the constant wine and longed for something more savoury. Bitburg also had another significance: Close to it was an important furnace where Romans forged iron into weapons and tools. Other popular mineral resources next to iron were lead, chalk and stone, as well as zinc spar or smithsonite which was added to copper and zinc to produce brass.

Raw materials such as these and trade along the Roman roads and other routes like the one from Confluentia (Coblence) via Mayen to Hillesheim added new professions to the Eifel among its modest agriculture, in particular near the stops on the road to Cologne, nowadays called Büdesheim, Jünkerath and Marmagen.

Approaching the subject of stone again, though: The Romans were very aware of hygiene and enjoyed their baths. To provide the garrison in Cologne with fresh Eifel water they even built an aqueduct of 97 km length from Nettersheim in the northern Eifel to the Rhine.

Despite the good water, the Romans didn't stay in the Eifel forever. Around 400 AD, they sought shelter in their homeland and left the Eifel to the Franks before the dirty Middle-Ages spread in Germany with streets reeking of faeces.

This was all in good order as the Franks didn't like stone houses anyway and preferred the half-timbered style. Fortunately for those of us who are fond of travelling and photography, this skilful structure of timber, mud and straw was cultivated over centuries and still offers the most beautiful architectural photo subjects to us. The improved and more modern types of half-timbered houses still coin the lovely Eifel towns between Rur and Moselle. Monschau was first mentioned in 1198, but its period of prosperity began when in the 18th century the incomer Johann Heinrich Scheibler, protestant son of a pastor, started to refine and improve the town's cloth manufacture to export all over Europe.

Rheinbach was first documented in 762 as Pippin, king of the Franks, and his wife Bertrada donated lands around what is today the town of Rheinbach to Prüm Abbey. Pre-Christian traces of settlement were discovered in the village of Monreal west of Mayen, however it was only registered as 'Cunisberch' (Königsberg; 'Royal Hill') in 1193. The subsequent French name has remained until today in a germanised version. This is just one small example for the early beginnings of Eifel towns.

Sadly, the Eifel also was a war zone in the modern era with constantly changing

◀ Über dieser Tür in Ahrweiler (Ahreifel) sind die Namen des Ehepaares Herincus Hartmann und Dorothea Wolf verewigt, die 1721 geheiratet haben. Sie ließen damals diese maskenhaften Köpfe schnitzen, die das Böse von dem Haus fernhalten sollten. Heinrich Hartmann war Rotgerber, also für grobe Lederarbeiten zuständig.

The names of Herincus Hartmann and Dorothea Wold, wed in 1721, were immortalised above this door in Ahrweiler (Ahr Eifel). They also had these mask-like heads carved to ban all bad from the house. As a 'red tanner', Heinrich Hartmann was in charge of rough leather work.

▼ Zum schönen Ensemble historischer Gebäude am Marktplatz von Adenau (Hocheifel) gehört auch das Haus „Blaue Ecke", das heute ein Hotel beherbergt. Die Altersbestimmung von Balken der Nachbarhäuser ergab eine ungefähre Bauzeit zu Beginn des 17. Jahrhunderts. Der blaue Anstrich dürfte aber wohl etwas jünger sein.

The 'Blaue Ecke' (Blue Corner) house, which accommodates a hotel today, is part of the lovely ensemble of historic buildings in the town square of Adenau (High Eifel). The age of neighbouring houses' timber determined the approximate construction time to be the early 17th century. The blue paint is likely to be a bit younger, though.

▲ In der Ahrhutstraße in Ahrweiler (Bad-Neuenahr-Ahrweiler, Ahreifel) findet sich, kurz bevor man das mächtige südliche Stadttor erreicht, ein hübsches Ensemble von neuen Häusern in altem Fachwerkstil.

Right before reaching the impressive town gate, a nice ensemble of new houses built in the old half-timbered style can be found on the Ahrhutstraße in Ahrweifel (Bad-Neuenahr-Ahrweiler, Ahr Eifel).

▼ An Markttagen mit gutem Wetter ist die Kölner Straße in Mechernich-Kommern (Nordeifel) voller Menschen. Die vielen Fachwerkhäuser betten das Markttreiben stimmungsvoll ein.

The Kölner Straße in Mechernich-Kommen (northern Eifel) is very crowded on market days in fine weather. All the half-timbered houses make up an atmospheric framework for the market's hustle and bustle.

frontlines resulting in extensive damage. Prüm, for instance, was hit particularly hard when it lost 70% of its buildings in a 1769 fire. At the end of the Second World War, 80% of the town was destroyed. When five-hundred tons of dynamite exploded in a tunnel inside the town's Calvary hill on the 15th July 1949, a lot of the only just rebuilt houses were demolished and fifteen people lost their lives. Thankfully, the impending danger had been noticed early on and most of the population had been evacuated, including the Prüm boarding school pupils, among them my father.

Whatever may have happened in earlier days and centuries: If, like me, you enjoy looking down on the Eifel from its hilltops and viewing towers you can see a mixture of populated cultural landscape with vast acres and grassland and large forests before you, with the Eifel municipalities often subtly embedded in-between. To my eye, this is a picture of harmony. The so-called areas of settlement only make up an average of twelve percent of the total surface, opposite 42% of farmland and 44% woodland. Once, our Eifel was dismissed as the 'Prussian Siberia', and an official's or officer's transfer here from the east or even Berlin was considered to be disciplinary punishment.

But the Eifel is by no means a remote and solitary mountain range covered in forest anymore. It is a diverse living space, a cultural and natural landscape with rich variety which for me always is a joy to travel and photograph anew.

Im östlich von Simmerath (Rureifel) am Rursee gelegenen Ort Rurberg findet jedes Jahr Ende Juli das Fest mit Feuerwerk „Rur in Flammen" statt, sozusagen als lichtmarkierter Höhepunkt des Hochsommers.

Every year at the end of July the festive fireworks display 'Rur in Flames' takes place at the Rur Lake town of Rurberg east of Simmerath (Rur Eifel) as the midsummer's quite literal highlight.

Der Kölner Architekt Oskar Schulz gewann 1903 den Wettbewerb um den Bau des Bad Neuenahrer Kurhauses (Ahreifel). Zur damals in Deutschland ungewöhnlichen Zwei-Turm-Fassade hatte ihn wohl der Architekt inspiriert, der auch das Grand Casino in Monte Carlo erbaut hatte.

In 1903, the Cologne architect Oskar Schulz won the competition for the building of the Bad Neuenahr Casino (Ahr Eifel). The inspiration for the double tower façade, which was unusual in Germany back then, can probably be traced back to the Grand Casino's architecture in Monte Carlo.

◀ Das berühmteste Gebäude der Stadt Monschau (Rureifel) ist wohl das so genannte Rote Haus links im Bild. Die Fabrikantenfamilie Scheibler erbaute es um das Jahr 1760, nachdem sie es durch Produktion feiner Tuche zu Wohlstand gebracht hatte. Das Haus vereinigte repäsentatives Wohnen und Kontor und Fabrikation unter einem Dach.

The so-called Red House on the left is arguably the most famous building in Monschau (Rur Eifel). The fabricant family Scheibler had it built in 1760 after achieving considerable affluence with the production of fine cloth. Representative living quarters, offices and manufacturing were combined in one house.

▲ Monschau drängt sich im engen Talkessel dicht an das Flüsschen Rur. Der erstmals 1198 erwähnte Ort veränderte in der Geschichte wie kaum ein anderer seinen Namen. Aus „de Munioy" von 1225 wurde 1384 „Monzwauwe" und schließlich Montjoie. Erst durch kaiserlichen Erlass von 1918 wurde es dann „Monschau".

In the narrow basin, Monschau is clinging closely to the Rur stream. First mentioned in 1198, the town underwent very unique name changes over time. The 1225 'de Munjoy' first turned into 'Monzwauwe' in 1384 and finally Montjoie. By imperial decree it only became 'Monschau' in 1918.

🔺 Wenn man im Zentrum von Bad Münstereifel (Nordeifel) der Wertherstraße nach Norden folgt, stößt man kurz hinter dem berühmten „Cafe T" auf das nördliche Stadttor mit seinem imposanten Turm.

Following the Wertherstraße in the Bad Münstereifel (northern Eifel) centre to the north, the northern town gate and its imposing tower can be found shortly behind the famous 'Café T'.

▶ Ende des 13. und Anfang des 14. Jh. errichteten die Grafen von Jülich um Münstereifel (Nordeifel) die 1,6 km lange Stadtmauer mit 18 Wehrtürmen und vier Stadttoren. Im Abendlicht wirkt das Nordtor besonders beeindruckend.

In the late 13th and early 14th century, the Counts of Jülich had a city wall of 1.6 km length including 18 watchtowers and four gates built around Münstereifel (northern eifel). The northern gate is particularly impressive in sunset light.

▲ Zentrum der 55.000 Einwohner zählenden Kreisstadt Euskirchen, die 1302 Stadtrechte erhielt, ist der Alte Markt. Das Kreisgebiet reicht weit in die Nordeifel bis Losheim und Kronenburg am Oberlauf der Kyll.

The Old Market is the centre of the county town Euskirchen that received its town privilege in 1302 and records a population of 55,000 today. The district reaches far into the northern Eifel up to Losheim and Kronenburg at the Kyll's headwaters.

▶ Die bronzene Bäuerin, die einen Gemüsekarren über den Marktplatz von Euskirchen schiebt, ist Teil einer 1984 vom Aachener Künstler Bonifatius Stirnberg für die Stadt gestalteten Brunnenanlage.

The bronze farmwoman pushing a vegetable cart across the Euskirchen market square is part of a fountain figure installation by the Aachen artist Bonifatius Stirnberg made specifically for the town in 1984.

Die „Porta Nigra", das Schwarze Tor, in Trier ist wohl etwa um das Jahr 180 n. Chr. als nördliches Tor der rö-mischen Stadtbefestigung aus einem bei Kordel abgebauten Sandstein erbaut worden. Durch Verwitterungs-prozesse dunkelte der Stein im Laufe der Zeit nach und erhielt ab dem Mittelalter seinen jetzigen Namen.

The Porta Nigra (the Black Gate) in Trier was built approximately around 180 AD as the northern gate of the Roman city fortifica-tions from sandstone cut near Kordel. Darkened by weathering over time, the gate received its current name in the Middle-Ages.

Sozusagen am äußersten Ostzipfel der Eifel liegt hier die Mosel vor uns, kurz vor der Mündung in den Rhein am Deutschen Eck in Ko-blenz. Auf der künstlich aufgeschütteten Landzunge wurde 1897 das gewaltige Reiterstandbild Kaiser Wilhelms I. errichtet. Nach Zer-störung im 2. Weltkrieg kam schließlich 1993 eine Nachbildung auf den Sockel.

Here we can see the Moselle in the Eifel's utmost eastern tip shortly before it flows into the Rhine at the German Corner in Coblence. In 1897, a gigantic eques-trian statue of Emperor Wilheim I was erected on this artificial tongue of land. After its destruction in World War II, a replica was placed on the base in 1993.

▲ Der Weihnachtsmarkt in Aachen lockt in jedem Jahr zehntausende von Menschen aus dem Dreiländereck mit Belgien und den Niederlanden. Hier ist es ein Stand vor dem mächtigen schon 1349 fertiggestellten Rathaus.

Every year, the Aachen Christmas Market attracts tens of thousands of people from the Three-Country Point of Germany, Belgium and the Netherlands. Here we can see a stall in front of the impressive town hall that was completed in 1349.

Burg Satzvey (Nordeifel) bei Mechernich ist im schwindenden Licht der späten Abenddämmerung eine echte Schönheit und gilt bezüglich der Bausubstanz als besterhaltene Wasserburg des Rheinlandes.

Satzvey Castle (northern Eifel) near Mechernich, with a building stock ranking as the most well preserved moated castle in the Rhineland, is a true beauty in the fading sunset light.

Burgen
Schlösser
alte Mauern

Es soll einmal sage und schreibe um die 400 Burgen gegeben haben in der Eifel. Angesichts dieser stattlichen Zahl möchte man vermuten, dass auf jedem Höhenzug oder Berg eine Burg oder zumindest eine Burgruine zu sehen sein müsste. Aber dem ist nicht so. Was zum Teil auch daran liegt, dass manch pfiffiger Burgherr seine Immobilie eben nicht weithin sichtbar auf dem nächstgelegenen Berg errichten ließ, sondern weit weniger auffällig in einem Tal.

Wie zum Beispiel die wunderschöne Burg Eltz, das Neuschwanstein der Eifel im südwestlichen Teil des Kreises Mayen-Koblenz. Die liegt zwar auch auf einem kühnen Felsvorsprung über der Talsohle des Elzbaches, aber deutlich unterhalb der beiden Taloberkanten. So blieb sie nahezu unsichtbar und wurde glücklicherweise im Laufe der Jahrhunderte niemals Opfer zerstörerischer Kriegshandlungen, die bei vielen anderen Burgen zur Verwüstung geführt hatten. Die Politik des frühen 14. Jahrhunderts brachte ihr allerdings einmal eine Belagerung ein, die erst nach zwei Jahren beendet wurde, als die Burgbewohner wegen Hunger aufgeben mussten.

Aber wie kam es überhaupt zu diesen Eifelburgen, die ja eine ganz andere Dimension hatten als die Fachwerkhütten von Schmitzens Pitt und Schommers Jupp? Die Vermutung, dass es etwas mit Geld und Politik zu tun hat, ist nicht falsch.

In einer römischen Schrift von 98 n. Chr. wird im Bezug auf Germanien von Königen, Fürsten, Herzögen und so etwas wie Grafen berichtet. Dabei wurden die germanischen Stämme ursprünglich jeweils von einem Stammeshäuptling geführt, der für den Zusammenhalt und das geordnete Leben nach alten Bräuchen die Verantwortung hatte. Auch er bewohnte schon eine der besseren Hütten im Dorf, von denen uns jedoch keine erhalten blieb. Burgen in unserem heutigen Sinne waren das jedenfalls noch nicht. Aber durch die Römer war das Steinhaus zu-

mindest schon einmal hierzulande vorgestellt worden. Und der frühe deutsche Adel griff die Idee wieder auf.

Als Karl der Große, ab 768 König des Fränkischen Reiches und ab 800 Römischer Kaiser, Aachen als seine fest gemauerte Residenz wählte, brachte das nicht nur unserer nahen Eifel einen deutlichen Bedeutungszuwachs. Er breitete auch das fränkische Grafensystem auf sein gesamtes Reich aus. Im 14. Jahrhundert war es dann Kaiser Karl IV, der mit der Verleihung von Adelstiteln an wichtige Beamte begann. Solche Erhebung in den Adelstand war ein Vorrecht, das bis 1806 fast ausschließlich dem Kaiser oblag.

All diese Adligen dieser ersten Jahrhunderte, ob sie nun frei waren oder einen noch höheren Adligen über sich hatten, wollten angemessen untergebracht sein. So gab es schließlich vor allem im Spätmittelalter, also zwischen 1250 bis 1500, besonders viele Burgen. Die Adligen benötigten meist wehrhafte Wohnstätten, denn zu ihren Pflichten und Aufgaben gehörte auch die Verteidigung eines Gebietes gegen anders gestrickte Nachbarn. Und missliebige Nachbarn gab es auch damals schon zur Genüge in der Eifel. Denn meine Heimat war zu jener Zeit Grenzgebiet zwischen den Erzbistümern Kurköln und Kurtrier, der Grafschaft Luxemburg und dem Herzogtum Jülich. So kam es zum Beispiel dazu, dass der eben erwähnte Kaiser Karl IV. im Jahre 1346 die Wehranlage „Freudenkoppe" auf dem Nerother Kopf nahe bei Daun dem Kurfürsten und Trierer Erzbischof Balduin von Luxemburg überließ, die dieser dann bei der Belagerung des nur zwei Kilometer entfernten Daun 1353 als Stützpunkt nutzte.

In der Zeit dieser politischen Konstellation kam es auch bei Schloss Bürresheim bei Mayen, vor dem ich schon als fünfjähriger Knirps zusammen mit unserem VW Käfer Cabriolet posierte, zu einer „ungewöhnlichen" Situation: Zeitweise gehörte der nördliche Teil mit dem markanten Bergfried zu Köln, während sich gleichzeitig der südliche Teil der Anlage in Trierer Besitz befand.

Jedenfalls blieb auch Bürresheim wie die Burg Eltz und die Burg Lissingen bei Gerolstein unversehrt und von Plünderung und Zerstörung bewahrt.

Wo aber sind denn nun die vielen Burgen geblieben? Es ist zwar immer noch eine stattliche Anzahl, die da über die Eifelhöhen und Täler verstreut liegt. Aber viele scheinen verschwunden. Doch es gibt Vermutungen. Dass manche durchlauchten Damen vielleicht die Nase voll hatten davon, jedes Mal mit dem Korb Wäsche zum Aufhängen bis hoch auf den Turm steigen zu

◀ Das Motiv der winterlich-weihnachtlichen Burg Satzvey (Nordeifel) im gleichnamigen Ort östlich von Mechernich strahlt viel Ruhe aus. Dabei geht es hier im Jahresverlauf oft sehr lebhaft zu. Denn auf dem Burggelände werden viele Veranstaltungen wie Ritterspiele, historische Basare und Märkte und Theater- und Musikveranstaltungen abgehalten.

The picture of the festive wintry Satzvey Castle (northern Eifel) in the eponymous town east of Mechernich gives off an air of tranquillity. However, it is actually quite a vibrant place in the course of the year. The castle grounds are used for knights festivals and historical markets as well as theatre and music events.

Markantes Wahrzeichen der Stadt Mayen (Osteifel) ist die um 1280 am Westrand der alten Stadtbefestigung auf einem Felsen erbaute Genovevaburg. Unter der Burg befindet sich das Eifelmuseum mit dem Deutschen Schieferbergwerk. Im Burghof finden alljährlich die weithin bekannten Burgfestspiele mit hochprofessionellen Bühnenstücken statt.

Genoveva Castle, built on a rock around 1280 at the western border of the old town fortification, is Mayen's prominent landmark. The Eifel Museum with the German Slate Quarry is situated below the castle. The castle's courtyard is used for the annual widely known castle festival with highly professional stage plays.

müssen. Und dass sie ihren Gatten zu einem Umzug nötigten. Zum Beispiel in eine Burg im Bungalow-Stil weiter im Süden. Wo sich nachts, wenn der Gatte auf Geschäftsreise weilte, nicht der Minnesang des Liebhabers mit Wolfsgeheul mischte. Sondern wo sich das liebliche Zirpen von Zikaden aus einem nahen Pinienhain angenehm in den Sang des Liebsten einfügte. Aber die Cote d'Azur war damals noch nicht erfunden. Jedenfalls sollen manche Burgenbesitzer ihre Streckbänke und Daumenschrauben eingepackt haben, um in Südeuropa mit dem Handel von Inquisitionszubehör neu anzufangen.

Aber wie ging es dann weiter mit solch verlassenen Burgen? Die Kölner hatten damals ihr Herz für feucht-kalte Mittelgebirgs-Behausungen mit schönem Blick ohne Zentralheizung noch nicht entdeckt. Manchmal erteilten die abziehenden Edelleute dem Makler ihres Vertrauens wohl auch keinen konkreten Auftrag bezüglich des Weiterverkaufs oder der Umnutzung ihrer Immobilie, etwa als rustikales Studentenwohnheim oder als Kongress-Zentrum für Telekom-Seminare oder Banken-Strategie-Meetings.

Irgendwann mag es den Maklern dann zu mühsam geworden sein mit dem Dreitagesritt von Koblenz bis in die zentrale Eifel. Die Autobahn nach Trier wäre ja auch damals schon für Pferde gesperrt gewesen. Dann verlor der Makler nach einer gewissen Zeit verständlicherweise die Motivation. Und keiner kümmerte sich mehr um das erhabene Gemäuer. Was schließlich den Hütten und Ziegen- und Kuhställen der Umgebung zu Gute kam. Für die es endlich mal das dringend erforderliche Baumaterial für Ausbesserung oder Neuerrichtung gab. Und so beendete manche stolze Burg ihre einstmals viel versprechende Karriere als Steinbruch.

Zum Glück blieben trotzdem noch einige Eifelburgen bis heute erhalten. Manche in weit besserem Zustand als zur Zeit ihrer Errichtung. Mit Strom und fließend Wasser, nicht mehr nur an den Wänden. Sondern belebt und bewohnt von den Nachfahren der Erbauer oder von Leuten, denen es zwar gänzlich an blauem Blut fehlt, die aber das nötige Kleingeld für die kostenträchtige Instandhaltung haben. Und die vielleicht in ihrem Stammbaum zumindest irgendwo einen Ritter vermuten, auch wenn der Beweis in Form einer notariell beglaubigten Urkunde eines deutschen Kaisers fehlt.

Aber selbst jene Burgen, welche nur als Ruine überlebten, sind ganz wunderbare Orte, nicht nur für uns Fotografen. Es sind Orte mit einer ganz eigenen Ausstrahlung, die unsere Fantasie inspirieren. Wer denkt schon länger nach über das Leben des Neandertalers in einer kalten, feuchten und zugigen Höhle? Da wenden wir uns doch eher mit Schaudern ab. Aber das quirlige Leben auf einem Burghof oder in den Gemächern der Herrschaft beflügelt doch weit mehr unsere Fantasie. Sicher auch inspiriert durch unzählige Filme über die Zeit, als Burgen noch *die* Status-Immobilie überhaupt waren. Da manche Burgen Gästen auch Zimmer oder Ferienwohnungen zur Miete anbieten, kann man zumindest hier und da noch für ein paar Tage ein klein wenig herrschaftliches Leben nachspüren. Aber das „Wichtigste" ist doch, dass diese Burgen außergewöhnliche Fotomotive sind. Ob sie nun erhaben auf einem Felsen über einem Ort thronen, ein Tal beherrschen oder sich in den Wäldern verstecken.

Die Benediktinerabtei Echternach hatte 1779 eine größere Eisenhütte am Weilerbach bei Bollendorf (Südeifel) bauen lassen. 1780 folgte dann Schloss Weilerbach als Verwaltungsgebäude und Sommerresidenz des Abtes. Nach der Ardennenoffensive des II. Weltkrieges schwer beschädigt wurde das Schloss in den Jahren 1987 bis 1992 saniert.

In 1779, the Echternach Benedictine Abbey had massive ironworks built at the Weilerbach stream near Bollendorf (southern Eifel). In 1780, Weilerbach Castle followed as the administrative building and the abbot's summer residence. Gravely damaged after the Battle of the Ardennes in World War II, the castle was renovated between 1987 and 1992.

▲ Die Ruine der Kasselburg liegt hoch über Pelm (Vulkaneifel) auf etwa 500 Metern Höhe östlich von Gerolstein. Markantester Teil ist der 37 Meter hohe Doppelturm, der als Tor und Wohnturm gleichermaßen diente. Das Gelände rund um die Ruine beherbergt den bekannten Adler- und Wolfspark mit Greifvogelvorführungen und Wolfsfütterungen.

The Kasselburg Ruin is situated 500 metres high above Pelm (Volcanic Eifel) to the east of Gerolstein. The most striking feature is its double tower of 37 metres which served both as gate and residential keep. The area around the ruin accommodates the established eagle and wolf park with bird of prey demonstrations and feeding of the wolves.

◄ Auch im Bereich der Gemeinde Udenbreth (Westeifel) bei Hellenthal verläuft nahe der belgischen Grenze die Höckerlinie des Westwalls, die im Dritten Reich als Panzersperre angelegt worden war. Udenbreth selbst gilt mit einer Höhelage von bis zu 690 m als höchstgelegenes Kirchdorf der Eifel und des Rheinlandes.

The so-called Siegfried Line's antitank barrier near the Belgian border which was put up in the Third Reich also runs through the region of the Udenbreth municipality (western Eifel). At an altitude of 690 m, Udenbreth is classified as the Eifel and Rhineland's highest situated village.

▲ In der Voreifel, am nordöstlichen Rand des Ahrgebirges, liegt die Stadt Rheinbach. Durch den Umstand, dass der fränkische König Pippin der Abtei Prüm Ländereien rund um Rheinbach schenkte, fand der Ort 762 seine erste Erwähnung. Markantestes Überbleibsel der ehemaligen Burg Rheinbach ist der knapp 35 Meter hohe Hexenturm.

The town of Rheinbach is located in the Fore-Eifel at the Ahr Hills' north-eastern fringe. Due to the fact that Pippin, king of the Franks, donated the lands around Rheinbach to the Prüm Abbey, the town received its first mention in 762. The former Rheinbach Castle's most prominent leftover is the 'Witch Tower' of 35 metres.

▶ Hoch über dem Ahrtal und der Ortschaft Altenahr (Ahreifel) liegt die Ruine der um 1100 erbauten Burg Are. Hier finden sich viele romantische Winkel und Blicke, die aus einem alten Märchen stammen könnten.

The ruin of Are Castle which was erected in 1100 is situated high above the Ahr Valley and the town of Altenahr (Ahr Eifel). Many romantic corners and views that seem to have escaped from an old fairytale can be found here.

▲ Im Tal der Lieser liegen die Manderscheider Burgen (Vulkaneifel), die wohl etwa zu Beginn des 12. Jahrhunderts erbaut wurden. Die Oberburg links gehörte im Spätmittelalter dem Kurfürsten von Trier, der einmal die Niederburg 2 Jahre lang erfolglos belagerte, die damals zu Luxemburg gehörte. Beide Burgen wurden durch die Franzosen zerstört. Manderscheid selbst hatte erstmals 1332 Stadtrechte erhalten, verlor sie aber wieder, bevor der nur knapp 1300 Einwohner zählende Ort 1998 wieder Stadt wurde.

The Manderscheid Castles (Volcanic Eifel) of the early 12th century are located in the Lieser River's valley. In the late Middle-Ages, the Upper Castle on the left belonged to the Elector of Trier, who unsuccessfully besieged the Lower Castle, which belonged to Luxembourg, for two years. Both castles were destroyed by the French. Manderscheid, only recording a population of 1300 today, first got its town privilege in 1332 but lost it, before becoming a town again in 1998.

▶ Die Ruine der Manderscheider Niederburg (Vulkaneifel) im morgendlichen Gegenlicht

The Lower Castle of Manderscheid's ruin (Volcanic Eifel) in the morning's backlighting

▶ Die Nürburg wurde zu Beginn des 12. Jahrhunderts auf einem 678 m hohen Basaltkegel erbaut und gab dem zu seinen Füßen liegenden Ort und der weltberühmten Rennstrecke ihren Namen (Hocheifel).

Nürburg Castle was built on a basalt cone at the beginning of the 12th century and served as the name-giver for the town below and the world-famous race circuit (High Eifel).

Castles and ruins

There are said to have been around four-hundred castles simultaneously in the Eifel, a number which makes you except at least a ruin of one on every hill. This isn't the case, though, partly because many a lord chose to build his home hidden in a valley rather than on some conspicuous mountain.

There is, for instance, Eltz Castle, the Eifel's Neuschwanstein so to speak, in Mayen-Coblence. Although it is located on a bold cliff above the bed of the Elzbach valley, it still lies well below the valley's top level. Thus, it remained almost invisible and never fell victim to any acts of war that devastated so many other castles. Only in the 14th century, political circumstances led to a two-year siege which was ended by the defenders surrendering due to hunger.

But what actually led to the building of Eifel castles, a completely different scale to everyman's half-timber houses? It isn't wrong to assume that money and politics may have played a part.

There is a report of kings, princes, dukes and counts with reference to Germania in a Roman scripture of 98AD. Actually, Germanic tribes each had their own chief responsible for unity and tradition. He lived in one of the grander huts of the village – none of which has remained until today – but not yet in what we consider to be castles. However, the Romans had introduced the stone house here in these parts, and early German nobility seized the idea.

When Charlemagne, King of the Franks from 768 and Emperor of the Romans from 800 chose Aachen as his walled-up residence it didn't just mean an increase in importance for the nearby Eifel but also the expansion of the Frankish nobility system across the entire empire.

It was the Holy Roman Emperor Charles IV who began the conferment of nobility high-level officials in the 14th century, a privilege almost exclusively held by the emperor until 1806.

Whether they were free nobles or ranked below overlords, they all had to find appropriate accommodation, resulting in a great number of castles being built especially in the late Middle Ages between 1250 and 1500. Noblemen needed well-fortified residences to defend their territory as there were enough neighbourhood disputes in the Eifel at that age already. In those days, my home was the borderland between the Electorates of Cologne and Trier, the County of Luxembourg and the Duchy of Jülich. In 1346, this led to Charles IV relinquishing the 'Freudenkoppe' fortification on the Nerother Kopf volcanic cone to the Archbishop-Elector of Tier, Balduin of Luxembourg, who used it as a stronghold to lay siege to the nearby Daun in 1353.

Around the time of this political constellation, a remarkable situation occurred at Bürresheim Castle near Mayen, where I'd posed next to our VW Beetle Convert-

▲ Die Burg Eltz (Moseleifel), für mich das Neuschwanstein der Eifel, liegt versteckt im Flusstal der Elz (bei Wierschem) westlich von Münstermaifeld. An einem Weg von der Mosel in die Eifel wurde sie im 12. Jh. erbaut und passte sich in ihrem Grundriss dem Felsfundament an, was zum Teil zu ungewöhnlichen Raummaßen führte.

The Eltz Castle (Moselle Eifel), which to me is the Eifel's Neuschwanstein, is hidden deep down in the Elz Stream's valley to the west of Münstermaifeld. In the 12th century, it was erected on a path running from the Moselle into the Eifel with its layout being fitted into the rock base which sometimes led to unusual measurements.

▲ Die Gemeinde Hamm (Südeifel) am Flüsschen Prüm nordwestlich von Bitburg ist mit unter 50 Einwohnern auf nur 1,73 qkm Fläche eine der kleinsten der Eifel. Dahinter erhebt sich Schloss Hamm auf einer Anhöhe, dessen Gesamtanlage optisch eher wie eine wehrhafte Burg anmutet.

With an area of only 1.73 square kilometres and a population of less than 50, the municipality of Hamm (southern Eifel) at the Prüm stream north-western of Bitburg is one of the smallest in the Eifel. Behind it, Hamm Castle is towering on a hill which looks like a well-fortified castle complex in its entirety.

Meist bricht die Eifel abrupt zur Mosel hin ab. Mit diesem Fluss hat die Eifel das entzückendste Entwässerungssystem aller Mittelgebirge. Und weil es dort unten im Tal so schön und „warm" ist, haben die Menschen nicht nur ihre Spitzenweine angesiedelt, sondern sich selbst auch, wie hier in Cochem an der unteren Mittelmosel.

The Eifel often abruptly drops down to the Moselle. With this river, the Eifel can call the most charming of all drainage systems of all uplands its own. To take advantage of the valley's beauty and warmth, people haven't just used it as a location for their high class wine but for themselves as well, for example in Cochem at the lower Middle Moselle.

ible at the age of five: For a while the northern part of it including the keep belonged to Cologne, whereas the southern half was owned by Trier. In any event, Bürresheim, just as Eltz Castle and Lissingen Castle, survived unscathed.

Where have all the castles gone then? Of course, a considerable amount is still scattered across hills and valleys, but many seem to have disappeared. However, there are rumours. Some ladyships might have become sick and tired of having to climb the highest tower to hang out the washing every time and ended up coercing their husbands to move house. Perhaps to a bungalow castle in the south, some place where, when her husband was gone, her lover's Minnesang wouldn't be answered by howling wolves but by chirping crickets in the nearby pine grove. But the French Riviera hadn't been invented yet. Still, some owners of castles are supposed to have packed up their racks and thumbscrews and migrated to the south.

But what happened to the abandoned castles? The people of Cologne hadn't yet discovered their love for damp uplands property with views but without central heating. The migrating aristocrats probably didn't always leave instructions for their agents concerning the conversion of their real estate, for instance as student halls or as conference centres for Telecom seminars or banking board meetings.

At one point, the three day rides between Coblence and the Eifel must have got-

ten a little too toilsome for the agents – the autobahn to Trier was already closed to horses back then after all. Due to the agents' lack of motivation, nobody ended up caring for those sublime walls, benefitting the local huts and sheds with new building material. Thus, many a proud castle ended its promising career as a mine.

Thankfully, some Eifel castles have survived, some even in a much better state, including electricity and running water (and not just running down the walls), inhabited by the erectors' descendants or people without blue blood but with enough spare change. Some may be suspecting a knight somewhere in their family tree even without an authenticated document by a German Emperor.

But even those castles that only came through as ruins are fantastic places, not just for photographers, but with a unique air about them that inspires one's vision. Who really spends time in cold caves, reflecting on the Neanderthal's life instead of shrinking away from it? However, the lively ado in the courtyard and the lordly chambers fires our imagination, helped by an uncountable amount of films about the time when castles were the ultimate status symbol. In some castles, courtly life can be recreated in hotel rooms. But the main thing remains that they are extraordinary photographic scenes, whether they sit enthroned on a cliff above town, control a valley or hide in the woods.

Mehr als 100 Meter über der Mosel-
stadt Cochem ragt stolz die Reichsburg
auf. Sie wurde wahrscheinlich Anfang
des 12. Jh. erbaut und ist eine typische
Höhenburg, wie sie der Hochadel oft errichten ließ.

Cochem's Imperial Castle proudly towers more
than 100 metres above the Moselle town. Pre-
sumably built in the early 12th century, it is a
typical hilltop castle as often erected by high
nobility.

▶ Die Burg Hengebach (Nordeifel) wurde zu Beginn des 11. Jahrhunderts auf einem Felsen über der Rur erbaut und ist Wahrzeichen der ihr zu Füßen liegenden Stadt Heimbach.

Hengebach Castle (northern Eifel) was erected on a cliff above the Rur River in the beginning of the 11th century and is the landmark of Heimback, the town at the foot of the hill.

▶ Schloss Malberg, über dem gleichnamigen Ort gelegen, wurde in mehreren Bauphasen errichtet und erweitert. Das sogenannte „Alte Haus" wurde 1597 fertiggestellt, während das „Neue Haus" von einem berühmten Künstler aus Venedig, dem Grafen Matteo Alberti, Anfang des 18. Jahrhunderts erbaut wurde (Südeifel).

Malberg Castle, situated above the eponymous town, was built and expanded in several construction phases. The so-called 'Old House' was finished in 1597 while the 'New House' was erected by a famous Venetian artist, Count Matteo Alberti at the beginning of the 18th century (southern Eifel).

▶ Das Wasserschloss Burgau in Niederau (Nordeifel), einem Stadtteil von Düren, geht auf Bauten aus dem frühen 12. Jahrhundert zurück. Nachdem es im Zweiten Weltkrieg stark zerstört worden war, wurde es schließlich ab den 1980er Jahren allmählich wiederaufgebaut.

The moated castle Burgau in Niederau (northern Eifel), a borough of Düren, can be traced back to buildings from the early 12th century. After being heavily demolished in World War II it was reconstructed from the 1980s onwards.

▼ Die Wasserburg Rittersdorf im gleichnamigen Ort (Südeifel) im Nimstal nahe Bitburg wurde urkundlich erstmals im Jahre 1263 erwähnt. Sie diente wohl der Sicherung der Straße von Trier nach Köln. Heute ist in der Burg u.a. das Standesamt der Verbandsgemeinde Bitburg-Land untergebracht.

Rittersdorf, a moated castle in the eponymous town (southern Eifel) in the Nim Valley near Bitburg, was first documented in 1263. It is likely to have been a safeguard at the road from Trier to Cologne. Today the municipality of Bitburg-Land's registry office is located inside among other things.

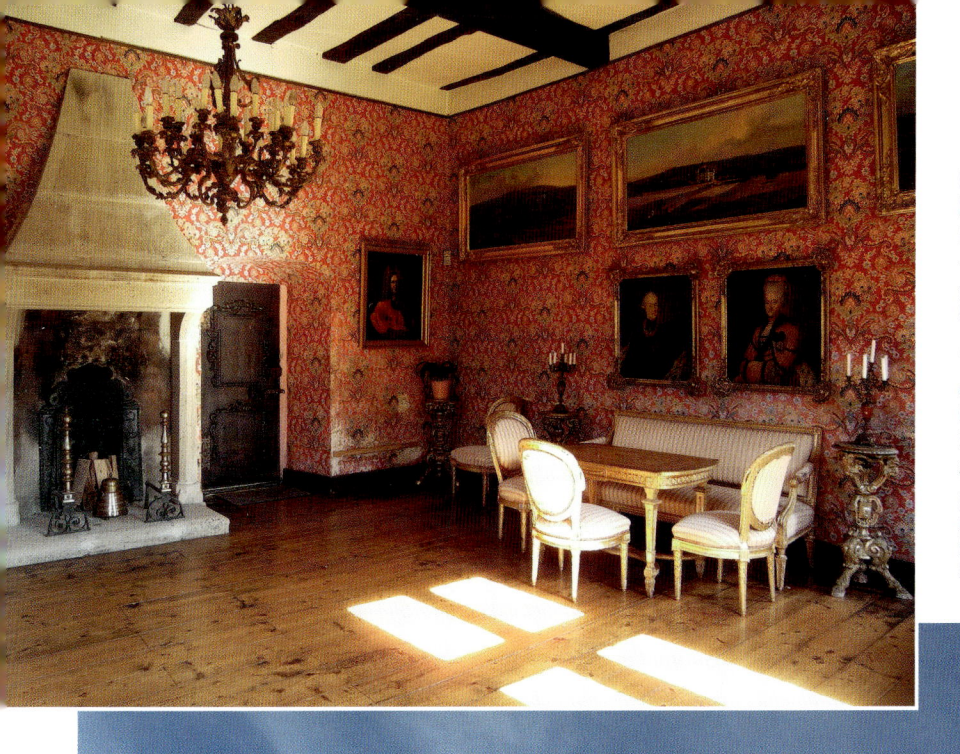

◀ Während die übrigen Räume des Mitte des 12. Jahrhunderts erbauten Schlosses Bürresheim (Osteifel) bei Mayen eher in dezenten Beige- und Brauntönen gehalten sind, zeigt sich das Musikzimmer mit einer stark gemusterten roten Tapete als markanter Kontrast.

The music room with its heavily patterned red tapestry is a striking contrast to the other rooms of the mid-12th century Bürresheim Castle which are largely kept in subtle beiges and browns.

▽ Schloss Bürresheim im Nettetal oberhalb von Mayen wirkt wie eine massige wehrhafte Burg, vor der mein Vater mich schon als Fünfjähriger mit unserem damaligen VW-Käfer-Cabriolet fotografiert hat. Sie blieb etwas Besonderes für mich und letztlich gab ich ihr auch eine wichtige Rolle in meinem Eifelkrimi „Mordwald".

Bürresheim Castle in the Nette Valley above Mayen where my father took a picture of me in front of our old VW Beetle Convertible, looks like a huge, well-fortified castle. It continued to have a special place in my heart and I ended up having it play an important part in my Eifel crime novel 'Mordwald'.

▲ Die Westfassade der St.-Salvator-Basilika mit den beiden 63 Meter hohen Türmen. Das Kloster Prüm war zwar schon 721 gegründet worden. Dieser barocke Kirchenbau wurde jedoch als Neubau im Jahre 1730 fertiggestellt.

St Salvator Basilica's west façade with its two 63 metre towers. While Prüm Abbey was founded in 721, the new building of this Baroque church was only completed in 1730.

▶ Die Doppeltürme der Prümer Basilika (Westeifel) zeichnen sich wie schwarze Scherenschnitte ab gegen den in leuchtendem Orange und Rot aquarellierten Abendhimmel.

Prüm Basilica's double towers (western Eifel) stand out as black silhouettes against the glowing orange and red watercolour sky in the evening.

KirchenKlöster
Kapitelle

Dieses Thema hat sehr viele verschiedene Aspekte. Doch die Punkte Religion, Glaube und Spiritualität möchte ich weitestgehend weglassen, weil ich mich nicht in die ganz persönlichen Freiheitsrechte des Einzelnen einmischen will. Möge jeder glauben, was er für richtig hält oder was ihn sein Leben zu glauben gelehrt hat.

Aber was bleibt dann noch übrig? Richtig – die wunderbaren Bauwerke an sich mit ihrem oft überwältigenden Charakter. Aber die gab es nicht immer. Es gab Zeiten, da wir uns auch in der Eifel unter einer mächtigen Eiche versammelten, um beispielsweise Thor, Odin oder Freya anzuflehen, endlich Weilers Jupp von seinen ständigen Niesanfällen zu heilen, welche sich bei der Jagd als unzweckmäßig erwiesen hatten. Oder wir flehten um Blitz und Hagelschlag für die Ernte von unerfreulichen Nachbarn. Jedenfalls fanden diese Meetings immer unter freiem Himmel statt, zu jeder Jahreszeit. Daher hatte mein Urgroßvater wohl auch noch sein Rheuma. Aber dann kam ja zum Glück die Christianisierung, in der Eifel so ab dem 6. Jahrhundert. Und als ehemaliger Messdiener kann ich nur sagen, dass meine Vorgänger damals ziemlich erleichtert waren. Denn da hatte es auch endlich ein Ende mit dem Schwenken der kiloschweren Weihrauchkessel aus Granit. Bis man als Zweitklässler so ein Ding erstmal draußen zur alten Eiche geschleppt hatte … war das nicht unzulässige Kinderarbeit?

Bis zur Christianisierung hatten wir keine völlig einheitliche Religion. Die verschiedenen germanischen Stämme praktizierten bei allen Unterschieden eine gemeinsame Religion sowohl in ihrem Toten- und Opferkult als auch darin, dass sie an Orakel glaubten und an diesseitiges Schicksal. Dabei war ein jeweiliger Stammesfürst als oberster Kultherr Wahrer der Gebräuche und der Glaubensriten. Das einzelne Stammesmitglied galt umso mehr, je mehr es das angenommene Schicksal der Sippe voranbrachte, beispielsweise durch Kinderreichtum oder durch erfolgreichen Kampf.

Da hat sich ja inzwischen einiges geändert. Der Schwertkampf ist ziemlich aus der Mode gekommen. Und wer heutzutage viele Kinder hat, wird leider oft schief angesehen. Doch zurück: Der Glaube an verschiedene Schicksalsmächte und Götter wurde schließlich verdrängt durch den Monotheismus. Dabei legten die frühen Eifelchristen ihren Toten auch noch eine ganze Weile Sachen mit ins Grab. Nur so für alle Fälle, weil man sich noch nicht so ganz sicher war. Die Christianisierung der Eifel führte aber bald auch zur Gründung erster Klöster.

Als ältestes Eifelkloster gilt die Abtei Prüm, die schon 721 von der Urgroßmutter Karls des Großen, Bertrada der Älteren, gestiftet worden war. Karls Eltern Pippin der Jüngere und Bertrada die Jüngere gründeten die Abtei 752 mit Benediktinermönchen neu. Damit wurde Prüm Hauskloster der Karolinger.

Im Jahre 814 wurde von den Benediktinern auch das Kloster in Kornelimünster und 830 das in Münstereifel gegründet. 1070 erfolgte eine erste klösterliche Niederlassung in Steinfeld in der Nordeifel, wo sich schließlich 1126 die Prämonstratenser niederließen. Darauf folgte Maria Laach, das 1093 von Pfalzgraf Heinrich II. gegründet wurde. Das erste Kloster deutscher Zisterzienser, anfangs ganz aus Holz gebaut, wurde 1138 in Himmerod bei Wittlich eingeweiht. Vierzig Jahre später war dann jedoch auch der steinerne Bau fertig.

◀ Markant erhebt sich der Turm der Erlöserkirche in Gerolstein (Vulkaneifel) aus den Bäumen am Ufer der Kyll. Rechts daneben ein weiteres markantes „Steinbauwerk" der Stadt: Das nur rund 380 Millionen Jahre ältere Korallenriff eines alten Flachmeeres.

The tower of Gerolstein's Erlöserkirche (Church of the Redeemer) rises up distinctively from the Kyll's embankment trees (Volcanic Eifel). To the right another striking 'stone structure': Over 380 million years older than the church, it's the coral reef of a former shallow sea.

Am Westrand des nördlichen Immerather Maarkessels (Vulkaneifel) bei Gillenfeld
liegt die Dreifaltigkeitskapelle. Hier ein Blick von Westen über ein altes Maisfeld
an einem kalten Wintermorgen vor Sonnenaufgang.

*The Dreifaltigkeitskapelle (Holy Trinity Chapel) is situated at the northern Immenrath Maar
Caldron's western edge near Gillenfeld (Volcanic Eifel). This is the view from the west over
an old maize field on a cold winter morning before sunrise.*

▲ Ritter Heinrich II. von Isenburg soll das Haupt des Apostels Matthias von einem Kreuzzug mitgebracht haben und ließ um das Jahr 1230 die sechseckige Matthias-Kapelle neben der Oberburg Kobern erbauen, die auf einer letzten Anhöhe vor dem Moseltal bei Kobern-Gondorf liegt.

Knight Heinrich II of Isenburg is said to have brought the head of Matthew the Evangelist with him from the crusades. Around 1230 he had the hexagonal St Matthew's Chapel built next to Kobern's Upper Castle, located on one of the last hills before the Moselle Valley near Kobern-Gondorf.

Kirchenbauten als solche gingen allerdings nicht erst auf das Erscheinen der Mönche zurück. Wie beispielsweise die kleine, aber wegen ihrer besonders fotogenen Lage berühmte Weinfelder Kirche unmittelbar am „Toten-" oder „Weinfelder Maar" bei Daun. Sie wird zwar „erst" im Jahr 1044 erwähnt. Aber da die Pfarrei Weinfeld bereits 731 urkundlich verzeichnet ist, existierte das Kirchlein sicher auch schon zum Ende des ersten Jahrtausends. Dabei gibt es sogar Fundamentbestandteile aus römischer Zeit. Eigenartig dann jedoch ihr weiteres Schicksal, das sie nicht mit vielen anderen Kirchen teilt. Denn die Bevölkerung Weinfelds verschwand im Mittelalter nach und nach. Bis schließlich 1526 auch der letzte Pastor den verlassenen Ort aufgab und nach Schalkenmehren zog. Weinfeld, zu dessen Pfarrei immerhin einmal Mehren, Schalkenmehren, Saxler und Udler sowie drei Häuser in Gemünden links der Lieser gehört hatten, wurde zum Steinbruch für die Umgebung und nur das Kirchlein blieb erhalten.

Vielleicht waren die ehemaligen Bewohner ja auch nicht der Pest zum Opfer gefallen, sondern hatten in diesen Zeiten von Missernten und Hungersnöten leichtsinnigerweise einen Abstecher nach Trier gemacht. Das war im 16. Jahrhundert besonders riskant, weil man immer jemanden suchte, dem man Missernten und anderes Unerfreuliche in die Schuhe schieben konnte. Allein in den Jahren zwischen 1587 und 1593 sollen im Rahmen der Hexenverfolgung im Kurfürstentum Trier 368 Personen hingerichtet worden sein. Da die Gefolterten wohl noch mehrere tausend andere Menschen beschuldigten, muss die Zahl der vollstreckten Foltertode noch wesentlich höher gewesen sein.

Wer weiß: Vielleicht konnte man die Trierer durch das In-Aussicht-Stellen ihres Autobahnanschlusses an die von Koblenz und Wittlich kommende A 1 zur Aufgabe dieser „Gebräuche" veranlassen. Was schließlich in der Stadt auch wieder zu einer verstärkten Frequentierung der Fußgängerzone und der Geschäfte und zu einem wirtschaftlichen Aufschwung führte.

Wie dem auch sei: Die Kirchen und Klöster gehören unzweifelhaft zu den visuellen Höhepunkten. Ganz abgesehen von ihrer möglichen Funktion, Stätten der Besinnung auf den Glauben und dessen gemeinschaftlicher Ausübung zu sein. Sie sind in ihrer Vielgestaltigkeit im Äußeren wie auch in der Ausgestaltung im Innern ein spannendes Kontrastprogramm zum Naturerlebnis Eifel. Ganz banal ausgedrückt könnte man es auch so formulieren: Nach einem heißen Tag im Auto, auf den Füßen oder per Rad durch die wunderbare Eifellandschaft, bei der man vieles gesehen und fotografiert hat, kann es unheimlich erbauend sein, in die kühle Stille eines Gotteshauses einzutauchen, um dort auf eine ganz neue Entdeckungsreise zu gehen. Nun gut, das mit der Stille ist natürlich relativ angesichts des Besucherverkehrs an manchen sakral-touristischen Brennpunkten. Aber nach den fließend-weichen Naturformen oder den beliebig-schroffen Formationen von Fels und Gestein ist es einfach eine geniale Abwechslung für das Auge und die Wahrnehmung: Dieses bewusste Zusammenfügen von Stein, Mörtel, Holz und Farbe zu einem solch großen Kunstwerk wie einer Kirche. Mit Pfeilern, die einen staunen lassen und mit Gewölben, die Bewunderung hervorrufen. Bis hin zu Altären, die mit ihrer Gestaltung Begeisterung auszulösen vermögen.

Das ist einer der Reichtümer der Eifel: Mitten in der wunderbaren Landschaft findet man immer wieder auch faszinierende Beispiele für die Kulturleistungen der Menschen aus Zeiten, da es die Eifel ihren Bewohnern wahrlich nicht leicht gemacht hat. Wir aber sind nun die späten „Nutznießer", die, endlich unbeeinflusst von Pest oder Krieg, das alles mit wachem Auge erleben dürfen.

▲ Das Dorf Neunkirchen (Vulkaneifel) westlich von Daun wurde erstmals 1190 in einer Urkunde des Abtes Gerhard von Prüm erwähnt, als er dem von ihm gestifteten adligen Nonnenkloster zu Niederprüm eigene Einkünfte zuwies, darunter den Zehnten aus „Nunkyrken", damals 4 Malter Weizen, 6 Malter Weizenmehl und 20 Malter Hafer.

The village of Neunkirchen (Volcanic Eifel) west of Daun was first registered by the abbot Gerhard of Prüm in 1190 as he was allotting personal earnings to the noble convent founded by him in Niederprüm, including 'Nunkyrken's' (as it was called then) tithe in 'Malter' (an old German measure of capacity) equating to 4 Malters of wheat, 6 Malters of wheat flour and 20 Malters of oat.

ChurchesCloisters Capitals

Of course, there are plenty of aspects to this topic. I'd like to omit religion, faith and spirituality as far as possible as I don't mean to get involved with anyone's personal rights and liberties. Everyone should stick with what they believe to be the truth and believe life has taught them.

So what remains? Exactly – the wonderful architecture itself and its stunning nature. However, this hasn't always existed. There were times when we in the Eifel, too, assembled under a massive oak to worship Thor, Odin or Freya and beseech them to cure one of us of his sneezing fits that were of little help during the hunt. Or we begged for lightning and hailstorm to ruin our unpleasant neighbour's harvest. At any rate, these were always open-air meetings all year long, which is probably what caused my great-grandfather's rheumatism. Then, however, Christianisation mercifully took place, starting around the 6th century. As a former altar boy I can only say that it was a great relief for my predecessors. Finally, having to swing granite incense burners came to an end. For a second-grader to haul it all the way to the old oak… surely that comes under illegal child-labour?

Before Christianisation, there was no completely homogenous religion around here. For all their differences, the various Germanic tribes practiced a standard religion in their cult of the dead and of sacrifices as well as their belief in oracles and in temporal fate. The respective tribal chief preserved customs and religious rites. Any tribe member's rank improved all the more with their service to the fate the tribe had accepted, for instance in the shape of abundance of children or triumph in battle.

By now, a lot of things have changed. Swordplay has gone out of style. The belief in powers and gods of destiny was replaced by monotheism, although the first Eifel Christians kept up the tradition of burial objects for a while, just in case as they weren't quite convinced yet. Meanwhile, the Eifel Christianisation quickly led to the formation of early cloisters.

The Prüm Abbey is said to be the oldest Eifel cloister, founded by Charlemagne's great-grandmother Betrada the Older in 721. Charles's parents, Pippin the Younger and Bertrada the Younger re-founded the abbey in 752 with Black Monks and Prüm became the Carolingians' home monastery.

The Benectines also founded the Kornelimünster monastery in 814 and the Münstereifel one in 830.

In 1070 the first cloistral settlement took place in Steinfeld in the northern Eifel, where the Premonstratensians established themselves in 1126. Founded by Palsgrave Heinrich II, Maria Laach followed in 1093. In 1138 the first Cistersian monastery was consecrated in Himmerod near Wittlich. It was a wood construction at first; the stone building was finished forty years later.

Churches as such do not trace back to the existence of monks. Take for example the small Weinfeld church in direct proximity to the Weinfeld Maar (or ,Maar of the Dead') near Daun, which is famous for its attractive location. While its first documented mention 'only' dates back to 1044, the church probably already existed around the end of the first millennium as the Weinfeld parish was listed in 731, even elements of Roman times can be found in the foundation. Its further history is quite peculiar, though, and not one that is shared by many other churches. During the Middle-Ages, the population of Weinfeld gradually disappeared. Eventually, in 1526, the last pastor gave up on the abandoned town to move to Schalkenmehren. Weinfeld, which had once overseen a parish including Mehren, Schalkenmehren, Saxler and Udler as well as three houses in Gemünden on the Lieser's left riverbanks, became the local stone pit, only the little church remained. Perhaps, the former population didn't actually fall victim to the plague but had recklessly gone on a trip to Trier. The days of crop failures and famines in the 16th century turned this into quite a venture as people were constantly looking for a scapegoat for these and other misfortunes. 368 people are said to have been executed in the Electorate of Trier between 1587 and 1593 alone. As the suspects probably incriminated thousands of others under torture, the actual number of deaths may even be significantly higher.

Who knows. Maybe Trier was convinced to let go of these ,customs' by having a motorway access to the A1 from Coblence and Wittlich in the offing. This eventually led to a more heavily frequented pedestrian shopping area and an economic upturn.

Be that as it may: Churches and cloisters undoubtedly are some of the visual highlights, regardless of their roles as sites of reflection and community. In the diversity of their exterior and interior design they are a fascinating contrast to the experience of Eifel nature. To put it banal: After a whole day in the hot car, up and about on your feet or riding a bicycle through the wonderful Eifel landscape with lots to see and to photograph, it can be truly uplifting to step into the cooling silence of a house of worship as a completely new journey of discovery. Of course this silence is only relative considering the crowds of visitors in some of the rather touristy sacred sights. But after the soft wavy shapes of nature or the randomly rugged formations of rock and stone, they simply present an ingenious change for eye and perception: This sensible composition of stone, mortar, timber and paint to a grand piece of art such as a church. From awe-inspiring pillars and sublime arches to altars of inspirational manufacture.

This is one of the Eifel's treasures. Amidst the beautiful landscape, examples of fascinating human culture achieved in times in which the Eifel's goings certainly weren't easy can be found. Today, we are the beneficiaries who can experience and enjoy it all unaffected by plague and war.

◀ Im Jahre 1178 war die romanische Klosterkirche von Himmerod (Südeifel) bei Großlittgen nördlich von Wittlich geweiht worden. Ihr folgte schließlich dieser barocke Neubau, der 1751 fertiggestellt wurde.

The Romanesque Himmerod Abbey church (southern Eifel) near Großlittgen north of Wittlich was consecrated in 1178, succeeded by this new, baroque construction which was finished in 1751.

Als wunderbares Beispiel romanischer Baukunst erhebt sich die sechstürmige Pfeilerbasilika des Benediktinerklosters Maria Laach am Westufer des Laacher Sees nördlich von Mendig (Osteifel). Nach einer Gesamtbauzeit von 126 Jahren wurde sie 1216 fertiggestellt.

The Maria Laach Abbey's six-towered pillar basilica on the Laach Lake's western shore north of Mendig (eastern Eifel) is a beautiful example of Romanesque architecture. It was completed in 1216 after an overall construction period of 126 years.

▶ Blick in die herrliche Kuppel des zentralen Baus des Aachener Kaiserdoms: Das so genannte karolingische Oktogon, das schon Karl der Große um 800 erbauen ließ

The view into the Aachen Imperial Cathedral's magnificent dome in its central part: The so-called Carolingian Octagon which Charlemagne had built around 800

▽ Die Stiftskirche St. Martin und St. Severus in Münstermaifeld (Osteifel) südlich von Mayen wirkt mit ihrem massiven 34 Meter hohen Doppelturm beinahe wie eine Burg. Auf eine erste Kirche auf Resten einer römischen Wachturmanlage folgte 1103 zunächst ein romanischer Bau. Der gotische Umbau wurde 1322 fertiggestellt.

With its massive double tower of 34 metres, the collegiate church St Martin and St Severus in Münstermaifeld (eastern Eifel) south of Mayen almost looks like a castle. After the first, early church on the foundations of an old Roman watchtower complex, a Romanesque building followed in 1103. The Gothic reconstruction was finished in 1322.

▲ Im Säulenumgang vor der Westfassade der Basilika Maria Laach (Osteifel) finden sich diese Kapitelle.

These capitals can be found in the Maria Laach Abbey's cloister's west façade (eastern Eifel).

◀ Vor über einem halben Jahrhundert bin ich unter dieser schönen Kuppel getauft wurden. Und konnte mich doch nicht daran erinnern, als ich nun diese Aufnahme in der Herz-Jesu-Kirche in meiner Geburtsstadt Mayen (Osteifel) gemacht habe.

I was baptised beneath this beautiful dome more than half a century ago, an event of which I had no memory when I took this picture in the Herz-Jesu-Kirche (Church of the Sacred Heart) in Mayen, the town of my birth (eastern Eifel).

▼ Blick zur Decke der romanischen Pfarrkirche St. Johannes Baptist in Nideggen (Nordeifel), die am Ende des 12. Jh. in der Vorburg der Nidegger Burg errichtet wurde

View of the ceiling of the Romanesque St John the Baptist church in Nideggen (northern Eifel) which was built at the end of the 12th century in Nideggen Castle's outer ward

▲ Wenige Schulen dürften derartige Schmuckreliefs über den Türen haben wie dieses am alten Abteigebäude des ehemaligen Klosters in Prüm (Westeifel) neben der Basilika, in dem heute das Regino-Gymnasium untergebracht ist.

Not many schools are likely to have such decorative reliefs above their doors as can be found on Prüm's former abbey building (western Eifel) next to the basilica which houses a secondary school today.

◀ Auch dieses wunderschöne Fenster „Sündenfall im Paradies" des 2001 verstorbenen Trierer Künstlers Jakob Schwarzkopf gehört zur Herz-Jesu-Kirche in Mayen (Osteifel). Schwarzkopf erschuf hier einen ganzen Fensterzyklus mit biblischen Motiven.

This beautiful window 'The Fall in Paradise' by the late Trier artist Jakob Schwarzkopf who died in 2001 is part of the Church of the Sacred Heart in Mayen (eastern Eifel). Schwarzkopf created a whole cycle of windows with biblical subjects.

◀ Geduldig setzt sich diese kniende Frau auch den härtesten Zugriffen aus – als Türgriff der kleinen Pfarrkirche St. Johannes Baptist vor der Burg Nideggen (Nordeifel).

Patiently, this figure of a woman kneels in the clutches of others – as a door handle on the small parish church of St John the Baptist in front of Nideggen Castle (northern Eifel).

▼ Die Fraukirch ist eine kleine Kirche im Landstrich Pellenz bei Thür (Osteifel) östlich von Mayen. Das Altarbild aus gefärbtem Tuff von 1667 zeigt Szenen aus der sogenannten Genovevasage, in der die Rettung der Ehefrau des angeblich im 8. Jh. in Mayen residierenden Pfalzgrafen erzählt wird. Aus Dank ließ er die Kirche bauen.

Fraukirch chapel is a small church in Pellenz region near Thür (eastern Eifel) east of Mayen. The 1667 altarpiece made of coloured tuff depicts scenes of the so-called Legend of Genoveva, which tells of the rescue of the wife of the palsgrave who is said to have resided in Mayen in the 8th century. He had the church built as a token of gratitude.

▲ Der kaum 180 Einwohner zählende Ort Eschfeld im Nordwesten von Arzfeld (Westeifel) hat eine bemerkenswerte Kirche. Der damalige Pfarrer Christoph März malte zwischen 1906 bis 1921 den Innenraum von St. Luzia eigenhändig aus, mit über 1000 Porträts vom Stammbaum Christi, von allen Päpsten, Aposteln, Propheten und anderen.

Despite a population of barely 180, Eschfeld, north-west of Arzfeld (western Eifel), has got an impressive church. Between 1906 and 1921, Christoph März, pastor at the time, single-handedly painted the interior of St Luzia with over 1000 portraits of the Tree of Jesse with all popes, apostles, prophets and others.

▲ Die Gerolsteiner Erlöserkirche hat mich bei meinem ersten Besuch schlicht überwältigt. Mit einem solch prächtigen Farbspiel von Goldmosaiken mit den oft blauen Verzierungen und farbigen Darstellungen hatte ich nicht gerechnet. Die Kirche wurde am 15. Oktober 1913 in Anwesenheit von Kaiser Wilhelm II. eingeweiht (Vulkaneifel).

Gerolstein's Erlöserkirche (Church of the Redeemer) simply overwhelmed me at my first visit. I hadn't been expecting such a splendid play of colours of golden mosaics with blue ornaments and colourful displays. The church was consecrated on the 15th October 1913 in the presence of the German Emperor Wilhelm II. (Volcanic Eifel).

◀ Warmes Sonnenlicht fällt in den Altarraum von St. Laurentius in Ahrweiler (Ahreifel). Wie viele andere Besitztümer in der Eifel gehörte die Stadt damals der Abtei Prüm. Sie ließ 1269 den Grundstein für den Kirchenbau legen, der heute als älteste gotische Hallenkirche auf der linken Seite des Rheins gilt.

In Ahrweiler (Ahr Eifel), warm sunlight falls into St Laurentius's presbytery. Like many other estates in the Eifel, this town also belonged to Prüm Abbey. The foundation stone for what today ranks as the oldest Gothic hall church on the left side of the Rhine was laid in 1269.

▶ Um 1600 soll die Basilika des Klosters Steinfeld (Nordeifel) eine erste große Orgel erhalten haben, die der berühmte Orgelbauer Balthasar König aus Münstereifel 1727 erweiterte und ausbaute. Heute ist sie mit 35 Registern und 1956 Pfeifen die größte noch erhaltene dreimanualige Barockorgel des Rheinlandes.

Around 1600, the basilica of Steinfeld Abbey (northern Eifel) is said to have received its first big organ which was expanded and enlarged by Balthasar König, a famous organ builder from Münstereifel, in 1727. With its 35 stops and 1956 pipes it is the largest surviving three-manual Baroque organ in the Rhineland today.

Die auf etwa 335 Metern gelegene Wasser-
oberfläche des Meerfelder Maares (Vulkaneifel) bei Manderscheid wird von bis zu 180
Meter höheren Randbergen umgeben. In den
Hängen findet sich ein Gemisch aus Nadel-,
Laub- und Obstbäumen, die im Herbst ein
üppig buntes Kleid tragen. Direkt am Ufer
leuchtet das Gelb der Pappeln.

Near Manderscheid (Volcanic Eifel), the Meerfeld
Maar's water surface at an altitude of about 335 me-
tres is surrounded by bordering mountains measur-
ing up to 180 metres higher. A mixture of conifers,
deciduous trees and fruit trees that wear a lush,
colourful dress in autumn can be found on the
slopes while the poplars' yellow shines on the shore.

Die schlechte Nachricht zuerst: Man sollte in der Eifel nicht siedeln!

So jedenfalls die Meinung einiger Geologen und Vulkanologen. Denn es wird irgendwann wieder losgehen. Dass uns diese verdammten Dinger um die Ohren fliegen, diese Vulkane, auf und in denen wir schon so lange wohnen. Nun ja, wir haben uns daran gewöhnt. Oder besser gesagt, wir Eifeler haben längst verdrängt, dass wir auf einem geologischen Pulverfass leben. Aber wer will uns das verdenken. Wir leben halt gerne da, wo andere so wahnsinnig gerne Urlaub machen. Das hat ja seinen Grund. Wir leben in einer wunderschönen Gegend mit einem ganz besonderen Charakter. Und der hat wieder was mit den Vulkanen zu tun. Denn die haben einen wesentlichen Anteil an der Oberflächen-Gestaltung unserer Eifel.

Übrigens gibt es jede Menge davon und viel mehr als die meisten auch nur ahnen. Beinahe über die gesamte Eifel verteilt gibt es über 700 „Vulkane", die als einzelne Eruptionsstellen mal als Schlackekegel wie die Hohe Acht oder als wassergefülltes Maar ausgeprägt sind. Viele davon sind allerdings so unscheinbar, dass sie dem ungeübten Auge gar nicht als vulkanische Struktur auffallen. Selbst das Dorf, in dem ich jetzt lebe, wird auf einer Seite von einem typischen halbrunden Abhang begrenzt, der ein alter Kraterrand ist. Als mir das klar wurde, habe ich mir gleich eine dünnere Matratze gekauft. damit ich früher höre, wenn es unter mir zu rumoren anfängt. Ob ich es dann noch mit dem Kofferpacken schaffe, ist eine ganz andere Frage. Ein schnelleres Auto kann ich mir jedenfalls nicht leisten. Da hilft letztlich nur die Besinnung auf eine alte Eifeler Tugend: Gelassenheit. Die Kölner sagen dann ja: „Ett hätt no immer joot jejange". Wir sagen: „Ett wärd schunn joot jonn" – „Es wird schon gut gehen."

Wir müssen gelassen bleiben. Was bleibt uns auch anderes übrig. Wer würde uns aufnehmen, wenn wir auswandern wollten. In Deutschland würden wir am Sprachtest scheitern und in Österreich an der Skiprüfung. Und für die Schweizer sind wir nicht mehr ordentlich genug, seitdem die eiserne Eifel-Regel „Samstags werden Hof und Straße gekehrt" immer mehr aufweicht.

Im Wesentlichen waren es drei Kräfte, die die Oberfläche der Eifel gestaltet haben. Einerseits geologische Hebungs- und Faltungskräfte in der Erdkruste, die den ehemaligen Boden des über 350 Millionen Jahre alten Devonmeeres zu den heutigen Sandstein- oder Schieferformationen hoben. Als zweites schufen die Vulkane die Veränderungen und zu guter Letzt formte die Kraft des Wassers die Landschaft. Am markantesten sind heute einerseits noch die vulkanischen Formen mit ihren Schlackekuppen und Basaltkegel. Und andererseits haben die Wasserläufe, Bäche und kleinen Flüsse zum Teil sehr tiefe Täler in die Eifeloberfläche gegraben. Beides zusammen hat zu einem spannenden Nebeneinander von Hoch und Tief geführt. Markant ist zum Beispiel die Stelle, an der das Flüsschen Nette aus dem Vulkangebirge ins flachere Vorland tritt. Genau an diesem Übergang haben einmal ein paar schlaue Geschäftsleute Mayen gegründet. Denn mit den Töpfereien, Mühlsteinen aus Basalt und Sarkophagen aus Tuffstein machten sie ab dem 3. Jahrhundert gute Geschäfte. Aber während zum Beispiel die armen Pariser nach der Stadtgründung noch 2000 Jahre warten mussten, bis sie

◀ Ahrbrücke in Brück (Ahreifel) unterhalb der Katharinenkapelle. So wunderschön und idyllisch die Ahr meist ist, so war ich doch erschrocken, als ich bei meinen Recherchen auf die Flutkatastrophe von 1910 stieß. Am 13. Juni dieses Jahres riss eine Flutwelle 52 Menschen in den Tod. Viele davon Arbeiter, die an der neuen Bahnstrecke arbeiteten.

The Ahr Bridge in Brück (Ahr Eifel) underneath the Katherine Chapel. As beautiful and idyllic as the Ahr is, I was still shocked when I found out about the 1910 flood disaster during my research. On the 13th June, a tidal wave swept 52 people to their death, many of them workers on the new railway track.

Das Flüsschen Kall fließt südlich des Hürtgenwaldes (Rureifel), der kurz vor Ende des 2. Weltkrieges traurige Berühmtheit erlangte. Die vorrückenden amerikanischen Soldaten stießen im Hürtgenwald im letzten Kriegswinter 44/45 auf heftigen Widerstand, was zur größten Schlacht zwischen Amerikanern und Deutschen führte. Sie soll auf beiden Seiten rund 60.000 Menschen das Leben gekostet haben.

The little stream Kall flows south of the Hürtgen Forest (Rur Eifel) which won notoriety shortly before the end of World War II. The advancing American soldiers encountered vehement resistance in the last winter of war 44/45 which led to the biggest German-American battle. It is said to have claimed 60,000 people's lives.

Das erste Frühjahrsgrün sprießt an den Bäumen am Ufer des Flüsschens Prüm südlich von Waxweiler (Westeifel). Sie mündet schließlich in die Sauer, den Grenzfluss zu Luxemburg, und zwar wieder exakt auf demselben Längengrad wie ihre Quelle.

The first green of spring is sprouting on the Prüm stream's riparian woodland south of Waxweiler (western Eifel). Eventually, it flows into the Sauer, the border river to Luxembourg, on exactly the same meridian as its fountain.

Das Eifelflüsschen Nette entspringt in der Hocheifel und fließt dann 59 km bis zum Rhein. Hier hat sie gerade Schloss Bürresheim bei Mayen (Osteifel) passiert. In ihrem Unterlauf werden seit 2001 Junglachse und Meerforellen nachgewiesen. Das ist die einzige selbstständige Wiederbesiedlung dieser Fische im gesamten Rheinsystem.

The small Eifel stream Nette has its source in the High Eifel and then flows 59 km down to the Rhine. Here, it has just passed Bürresheim Castle near Mayen (eastern Eifel). In its tailwater, samlets and sea trouts have been registered since 2001, the only independent resettling of these fish in the entire Rhine.

1889 mit dem 300 m hohen Eiffelturm endlich einen Aussichtsturm erhielten, wartete der Vulkankegel des 588 m hohen Hochsimmers direkt hinter der Stadt schon etliche Millionen Jahre auf die Mayener. Und ragt noch 58 Meter höher über das Stadtniveau. Dieser Höhenunterschied ist auch der Arbeit der Nette zu danken, die für mich als begeisterter „Wassermensch" noch eine interessante Facette aufweist, die mich sehr erfreut: Ab 2001 sind Lachse aus dem Rhein in die Nette aufgestiegen, ohne dass es zuvor einen Besatz mit Jungfischen gegeben hatte. Das war bei anderen Flüssen immer Voraussetzung gewesen für eine Wiederbesiedlung. In der Ahr hatte man zum Beispiel ab 1995 zunächst Eier und dann Jungfische ausgesetzt. Die Nette wieder als Laichgewässer anzunehmen ist nun aber eine reine Eigeninitiative der Lachse und die einzige dieser Art am gesamten linken Rheinufer.

Die Ahr hat übrigens auch ein ganz wunderbares tiefes Tal geschaffen am nördlichen Rand des ältesten vulkanischen Teils der Eifel. Eines der schönsten Zeugnisse kann man von der Ruine der Burg Are in Altenahr aus genießen. Dort oben ist man einerseits umgeben von den steilen

hoch aufragenden Bergen des Ahrgebirges im Süden wie auch von den Hängen mit den Reben, die uns den berühmten Ahrwein bescheren.

Im angrenzenden Ahrgebirge und weiter südlich folgen die rund 410 Hocheifelvulkane mit der 747 Meter hohen „Hohe Acht" als höchstem Eifelberg und mit dem 678 Meter hohen Nürburgkegel. Sie entstanden schon vor etwa 34 bis 42 Millionen Jahren.

Die auffälligste Erscheinung der 120 Osteifelvulkane ist zweifellos der Laacher See. Er ist aber nicht, wie viele annehmen, ein Maar-See, wie es die Dauner Maare sind. Hier handelt es sich vielmehr um eine Caldera – einen Krater, der erst nach dem Einbruch der entleerten Magmakammer unter dem Vulkankegel entstand. Der Vulkan brach sozusagen in sich zusammen und hinterließ einen äußeren Wall, der den heutigen See um etwa 125 Meter überragt. Später allerdings füllte sich auch dieser Krater wie ein Maar überwiegend mit Grundwasser. Und dies geschah vor gerade mal knapp 11.000 Jahren. Der damalige Ausbruch soll dabei etwa sechsmal so stark wie der des Mount St. Helens 1980 gewesen sein. Den Menschen der Steinzeit, die sich gerade in die-

Diese Stromschnelle des Flüsschens Kyll bei Oberbettingen (Vulkaneifel) nahe Hillesheim strahlt die ganze Kälte eines klirrend kalten Januartages aus.

This rapid in the Kyll stream close to Oberbettingen (Volcanic Eifel) near Hillesheim radiates every bit of a January day's bone-chilling cold.

ser Region aufhielten, muss es wie der Weltuntergang vorgekommen sein. Aber den Kollegen weiter westlich ging es zu dieser Zeit auch nicht viel besser.

Die rund 240 Westeifelvulkane erstrecken sich von Bad Bertrich über 50 km bis hinauf nach Ormont. Die Explosion des Ulmener Kraters soll etwas jünger sein als die des Laacher Sees. Doch auch der benachbarte Jungfernweiher ist ein altes Maar mit einem noch viel älteren Entstehungszeitpunkt.

Der Schwerpunkt dieser westlichen Vulkane liegt im Bereich zwischen Hillesheim, Dockweiler, Daun und Gerolstein. Der zweithöchste Eifelberg, der 699 Meter hohe Ernstberg, ist einer davon. Die ältesten Ausbrüche werden mit einem Alter von rund 900.000 Jahren angenommen. Aber das Alter ist nicht das, was uns visuell reizen kann. Es ist das, was aus den Kratern geworden ist: Die Maare.

Wer auf dem Dronketurm nahe Daun steht, sieht unter sich in unmittelbarer Nähe gleich drei Maare. Und es wird offensichtlich: Etwas Schöneres kann man aus einem Vulkankrater nicht machen. Das tief in einem Waldtrichter gelegene Gemündener Maar ist das „Freibad" der Dauner. Das unmittelbar zu Füßen des Turmes gelegene Weinfelder Maar ist das romantische Maar mit der kleinen Kirche. Und das im Südosten gelegene Schalkenmehrener Maar ist mein Badefavorit, weil es in einem offeneren Krater liegt mit Feldern, Wiesen und Obstbäumen.

Nicht weit entfernt liegt Manderscheid mit seinen beiden Burgen und dem berühmten Reihenvulkan, auf dessen Nordspitze sich Europas einziger Kratersee nördlich der Alpen befindet: Also ein aufgrund seiner Höhe ausschließlich mit Regenwasser gefüllter Krater. Und gleich daneben das Meerfelder Maar mit einer Ausdehnung von bis zu 1,4 Kilometern der größte Krater dieser Region.

Wer ein Wasserfreund ist, der kombiniert am besten. Auf dem Grenzfluss zu Luxemburg, der Sauer, kann man zum Beispiel Kanu fahren. Und die Irreler Wasserfälle sind auch nicht weit entfernt in der Südwestecke der Eifel. Die Kyll gilt als hervorragendes Forellenrevier für Fliegenfischer. Außerdem führt ein wunderbarer Radweg von Gerolstein immer am Fluss entlang bis an die Mosel. Der Endertbach nach Cochem und der Elzbach zur Burg Eltz sind tolle Wandertäler in der Moseleifel. Und im Norden füllt die Rur einen gigantischen Stausee, der die verschiedensten Wassersportler begeistert.

Früher mochte ich Stauseen nicht besonders wegen des steinigen Ufers in der Zone des Wasserspiegelwechsels. Aber als ich den Rursee kennenlernte und in seinem klaren Wasser baden und auf ihm segeln konnte, da habe ich meine Meinung geändert.

Als Fluss begeistert mich jedoch die Rur oberhalb des Sees ganz besonders. Denn sie erinnert mich ganz stark an die kleinen wilden Flüsse des hohen Nordens. Die mit ihrem von Mooren gespeisten bernsteinfarbenen Wasser von einer Stromschnelle zur nächsten stürzen. Da fühle ich mich gleich wieder wie in Lappland. Dabei bin ich doch „daheim" – in meinem „Traumland Eifel".

▶ Die über Jahrtausende wirkende Kraft des Wassers schafft es schließlich, auch einen Granitblock zu runden und ihm eine „weichere" Form zu geben. Wie hier bei diesem Fels in der Rur bei Monschau (Rureifel).

Over thousands of years, water force even manages to curve and smoothen a granite boulder, such as this rock in the Rur near Monschau (Rur Eifel).

▼ Oberhalb von Monschau (Rureifel) ist die Rur noch besonders wild und stürzt sich über viele Stromschnellen talabwärts. Vom Uferpfad aus ergeben sich da ständig neue und spannende Szenerien.

The Rur is particularly wild above Monschau (Rur Eifel), rushing across several rapids down into the valley as permanently new and exciting scenarios can be seen from the riverside path.

◄ Wo sich das Wasser der Kyll vor dem Mühlenwehr bei Birgel (Vulkaneifel) südlich von Jünkerath staut, sah ich im tiefen Winter diese schöne Spiegelung, die eine große Ruhe und Stille ausstrahlte.

I noticed this beautiful reflection, giving off a quiet, peaceful air, in the deep of winter at the damming of the Kyll before the mill weir near Birgel (Volcanic Eifel) south of Jünkerath.

▲ Ein bunter Teppich aus herbstbunten Büschen und Bäumen spiegelt sich im Meerfelder Maar westlich von Manderscheid (Vulkaneifel).

A colourful carpet of autumnal bushes and trees is reflected in the Meerfeld Maar west of Manderscheid (Volcanic Eifel).

Water, maars & volcanoes

The bad news first: You shouldn't settle in the Eifel!

This is, at least, if you're asking some geologists and volcanologists. Because one day, it's going to kick off again and these darned volcanoes that we've been living on all this time will blow up in our face. Well, we got used to it. Or, rather, we Eiflers have long pushed the fact that we're living on a geological powder keg to the back of our minds. Who can blame us? We love living where others enjoy their holidays, and with good reason. We're living in a beautiful and unique character, and this is very much due to the volcanoes which play a significant part in our Eifel's 'surface design'. There is a great amount of them, far more than most assume. More than 700 'volcanoes' are spread out across the Eifel, single sites of eruption, some cinder cones like the Hohe Acht or maars filled with water. However, most of them are rather inconspicuous and don't stand out as volcanic structures to the untrained eye. Even the village I live in borders on a typical semicircular hillside on one side – an old crater edge. As soon as I became aware of that, I got myself a thinner mattress to hear the rumbling early on. It's a completely different question if I'd manage to pack my bags in time. As I definitely can't afford a faster car, the one thing to remember is an old Eifel virtue: tranquillity. There's a Cologne motto: 'Ett hätt no immer joot gejange' – It has always worked out all right. Ours is: 'Ett ward schunn joot jonn' – It will work out all right.

We have to keep calm, what else is there to do? Who would accept us if we emigrated? In Germany we'd fail the language exam, in Austria the skiing exam.

And since the Eifel's strict rule of 'yard and street are swept on Saturdays' has softened we're not tidy enough for the Swiss anymore.

Essentially, three forces have shaped the Eifel's face: Firstly, geological lifting and folding forces in the Earth's crust which raised the ground of the 350 million year old former Devonian Sea up to today's formations of sandstone and slate. Secondly, the volcanoes created the changes and finally the landscape was shaped by the force of water. The most striking features are the volcanic formations with its cinder summits and basalt cones as well as the streams, creeks and rivers that every so often have dug extremely deep valleys into the Eifel. Together, they have brought about an exciting juxtaposition of ups and down. The lowlands where the Nette stream leaves the volcanic heights is particularly distinctive. This is where Mayen was once founded by some clever tradespeople who went on to do good business with pottery, basalt millstones and sarcophagi made of tuff. And while the poor Parisians had to wait for two-thousand years after the founding of their city until they got a viewing tower in the shape of the 300m Eiffel Tower in 1889, the volcanic cone of the 588m Hochsimmer awaited the people of Mayen for millions of

Das Schalkenmehrener Maar (Vulkaneifel) ist ein rund 10.000 Jahre altes Doppelmaar, dessen östlicher Krater ein Hochmoor aufweist, während im westlichen Krater der bis zu 21 m tiefe See liegt. Das Maar ist sowohl bei Anglern als auch bei badefreudigen Besuchern sehr beliebt und hat wie das Gemünder Maar auch eine Badeanstalt am Ufer.

The Schalkenmehren Maar (Volcanic Eifel) is a 10,000 year old double maar. Its eastern crater features a hill moor while a lake of up to 21 m depth is located in the western crater. The maar is popular with anglers and visitors enjoying a bath. Just like the Gemünden Maar there are public baths on its shore.

Dieses Bild vom Ostufer des Laacher Sees (Osteifel) erinnert mich mit seiner stillen Weite an schwedische Seen. Mit 3,3 qkm ist er der größte See in Rheinland-Pfalz. Nach seinem Ausbruch vor rund 11.000 Jahren brach der Vulkankegel in sich zusammen und wurde zur einzigen wassergefüllten Caldera in Mitteleuropa.

This shot of the Laach Lake's eastern shore (eastern Eifel) reminds me of the silent vastness of Swedish lakes. At 3.3 square kilometres, it is the largest lake in Rhineland-Palatinate. 11,000 years ago, the volcanic cone collapsed after its eruption and became the only water-filled caldera in Central Europe.

years, towering even 58 metres higher than the town's level. This altitude difference is partly thanks to the Nette, which also boasts an amazing facet for a water fan like me: Salmon have been travelling up the stream since 2001 without any previous presence of fry. This used to be a requirement for other rivers; the Ahr for example had eggs and fry placed in it in 1995. To embrace the Nette as a spawning ground is the salmons' own initiative and the only one of its kind along the entire left side of the Rhine.

The Ahr has also created a wonderful deep valley on the oldest volcanic Eifel region's northern fringe. One of the most beautiful testimonies can be enjoyed on Are Castle's ruin in Altenahr, surrounded by the steep, towering Ahr Hills in the south and the slopes full of Ahr wine grapes.

The roughly 410 High Eifel volcanoes which include the 'Hohe Acht', the highest Eifel mountain at 747 metres, and the 678 metre high Nürburg Cone can be found in the neighbouring Ahr Hills. They already formed around 42 to 34 million years ago.

The most eye-catching feature among the 120 volcanoes of the eastern Eifel is undoubtedly Laach Lake. It isn't the sort of maar lake that the Daun Maars are. It isn't an explosion crater but rather a caldera, a result of a collapsed magma chamber underneath the volcanic cone, leaving an outer bank which surmounts today's lake with about 125 metres. Later, just about 11,000 years ago, the crater filled up with groundwater like a common maar. This last eruption is said to have been about six times as strong as the Mount St Helen one of 1980. For the people of the Stone Age residing in the region it must have been hell on earth. However, the fellows in the west didn't have a better time either.

The 240 volcanoes of the western Eifel stretch from Bad Betrich over 50 kilometres up to Ormont. The Ulmen crater's explosion is believed to be a little younger than the Laach Lake one, but the neighbouring Jungfern Pond is an old maar of much older origin.

These western volcanoes' main concentration is located in the area between Hillesheim, Dockweiler, Daun and Gerolstein. With its 699 metres the second-highest Eifel mountain the Ernstberg is one of them. The oldest eruptions are believed to date back 900,000 years, but it's not age which attracts the visual stimulus, it's what has become of the craters:

▲ Herbstlandschaft wie ich sie liebe, hier südlich von Barweiler (Hocheifel) bei Kelberg: Offenes Land mit sonnendurchfluteten Bäumen wechselt sich ab mit großen Waldflächen, überragt von einzelnen Vulkankegeln.

The kind of autumn landscape I love, here south of Barweiler (High Eifel) near Kelberg: An open range with sun-drenched trees alternating with vast woodland and volcanic cones towering above.

Maars. From the Dronke Tower near Daun three maars can be seen in immediate proximity and it becomes clear that there is nothing more beautiful to become of a volcanic crater. The Gemünden Maar, situated deep down in a woodland crater is the Daun population's 'swimming pool'. The romantic Weinfeld Maar is located directly at the foot of the tower next to a small church. My favourite for bathing is the Schalkenmehren Maar in the south-east because of its open crater with fields, meadows and fruit trees. Not far from it is Manderscheid with its two castles and the famous Reihenvulkan with the only crater lake in Europe north of the Alps on its northern summit: A crater which, due to its altitude, has only been filled up with rainwater. Right next to it is the Maarfeld Maar, with an expansion of up to 1.4 kilometres, the region's largest crater.

Combination is the best advice for any water fan. It is possible to canoe on the Sauer, border river to Luxembourg. And in the Eifel's south-western corner the rapids of the Irreler Wasserfälle aren't far away. The Kyll is commonly known as excellent trout territory for fly fishing, and a marvellous cycle route from Gerolstein to the Moselle runs along the river all the way. The Cochem-bound Endertbach and the Burg Eltz's Elzbach streams in the Moselle Eifel are great hiking valleys. And in the north, the Rur fills up a gigantic reservoir which delights fans of all kinds of water sports.

I never used to like reservoirs very much because of their stone banks in the areas of water level changes. But discovering the Rur Lake and bathing and sailing in the clear water changed my mind.

I'm particularly fascinated by the Rur above the lake as a river. It strongly reminds me of the small, wild streams in the far north with their amber-coloured water, spring-fed from moors, rushing from one rapid to the next, making me feel like I'm in Lapland. And yet I'm home – in the Eifel, my 'land of dreams'.

▲ Vom Booser Eifelturm (Hocheifel) sieht man im Norden den 678 Meter hohen Basaltkegel des Nürburgvulkans, auf dem sich der Turm der gleichnamigen Burg abzeichnet.

The 678 metre high Nürburg Volcano's basalt cone with the tower of the eponymous castle standing out can be seen to the north of the Booser Eifelturm viewpoint (High Eifel).

▶ Der Arensberg nördlich von Zilsdorf (Vulkaneifel) bei Hillesheim soll im Tertiär entstanden sein und ist mit seinen 25–30 Millionen Jahren einer der alten Schichtvulkane der Eifel. Der Basalt seines Schlotes wurde abgebaut und der ausgeräumte Innenbereich mit den verbliebenen Seitenwänden ist heute noch durch einen Tunnel von Süden erreichbar.

Situated north of Zilsdorf (Volcanic Eifel) near Hillesheim, the Arens Hill is believed to have formed in the Tertiary and with its 25–30 million years ranks among the oldest stratovolcanoes in the Eifel. Its vent's basalt was quarried and the emptied interior with the remaining lateral walls can only be rached through a tunnel from the south today.

Die Basaltfelsen der Ettringer Ley bei Mayen (Osteifel) sind ein beliebtes Ziel für Kletterer. Entstanden war dieser etwa 2,5 km lange Mayener Basaltstrom durch vulkanische Ausbrüche vor etwa 200.000 Jahren. Schon vor über 7000 Jahren begann man, den Basalt abzubauen, um Getreidereiben und später Mahl- und Mühlsteine herzustellen.

The Ettringer Ley's basalt rocks near Mayen (eastern Eifel) are a popular destination for climbers. This circa 2.5 km long basalt stream was created through volcanic eruptions about 200,000 years ago. 7000 years ago people already used it as a quarry to produce crop graters and, later on, grindstones and millstones.